汕梅高速公路改扩建施工安全标准化图册

汕梅高速公路改扩建项目管理处　著

人民交通出版社
北　京

图书在版编目(CIP)数据

汕梅高速公路改扩建施工安全标准化图册 / 汕梅高速公路改扩建项目管理处著. — 北京 : 人民交通出版社股份有限公司, 2025. 9. — ISBN 978-7-114-20764-8

Ⅰ. U418.8-65

中国国家版本馆CIP数据核字第2025LS3115号

Shan-Mei Gaosu Gonglu Gai-kuojian Shigong Anquan Biaozhunhua Tuce

书　　名：**汕梅高速公路改扩建施工安全标准化图册**
著 作 者：汕梅高速公路改扩建项目管理处
责任编辑：郭晓旭
责任校对：赵媛媛
责任印制：张　凯
出版发行：人民交通出版社
地　　址：（100011）北京市朝阳区安定门外外馆斜街3号
网　　址：http://www.ccpcl.com.cn
销售电话：（010）85285857
总 销 售：人民交通出版社发行部
经　　销：各地新华书店
印　　刷：北京印匠彩色印刷有限公司
开　　本：787×1092　1/16
印　　张：8.5
字　　数：191千
版　　次：2025年9月　第1版
印　　次：2025年9月　第1次印刷
书　　号：ISBN 978-7-114-20764-8
定　　价：88.00元

《汕梅高速公路改扩建施工安全标准化图册》

序言 FOREWORD

随着区域经济一体化和经济结构战略性调整加快，我国交通基础设施建设规模、任务和环境面临新业态，一些新的交通建设工程不断涌现，如山区高速公路改扩建工程等，传统安全管理模式面临严峻挑战。

“图之于未萌，虑之于未有。”党中央、国务院高度重视安全生产，习近平总书记多次强调要“统筹发展和安全”。[①]交通运输部积极响应，将施工安全标准化作为提升行业治理能力的关键举措，相继出台一系列政策文件。广东省勇立潮头，以“走在前列”为目标，全力推进安全标准化建设，不断提升本质安全水平，致力于打造平安百年品质工程。

汕梅高速改扩建项目，是广东省首个山区高速公路改扩建工程，具有极高的挑战性。有别于高速公路新建项目相对封闭的作业条件，改扩建项目在“边通车边建设”环境下施工，安全控制的影响因素更为复杂。项目团队秉承“价值工程”理念和“敬责、精业、唯实、励先”精神内核，坚持整体超前策划、过程动态优化，先行先试，边积累边总结，将山区高速公路改扩建施工安全管控新场景、新方案、新思路、新经验的实践创新成果系统化、标准化、可视化，整理形成《汕梅高速公路改扩建施工安全标准化图册》。

本图册是汕梅高速改扩建项目全面推进高质量发展、实现工程高质量建设的标识性作业指南，囊括了交通工程“双标”管理要求、山区高速公路典型特征、高速公路改扩建项目施工组织新场景和安全管控创新实践经验成果等新业态要求，是项目全体

---

① 《中共中央政治局召开会议　决定召开二十届四中全会　分析研究当前经济形势和经济工作》，《人民日报》（2025年07月31日，01版）。

建设者多年实践经验沉淀和集体智慧结晶，彰显了广东交通人在新时代交通建设领域坚持“生命至上、安全发展”的责任担当，在同类型山区高速公路改扩建项目中具有一定的参考价值和探讨交流意义。

项目团队未局限于自身特有性，能立足广东地形多样性模式下综合思考，集成省内外先进经验和成熟做法，创新提出“1863”管理体系和“安全管理三维度”工作模式，既保障了工程顺利推进，也为行业安全管理提供了新思路、新方法。本图册所展示的成果，已经广东省内多个高速公路改扩建项目综合应用和实践验证，在非山区高速公路独特场景下仍具有普遍的应用性。

本图册的成型，得到了行业主管部门、上级单位和专家学者的悉心指导和帮助，他们为编写组提供了诸多具有专业性、前瞻性和开创性的意见和建议，在此，我们致以诚挚谢意。

当前，我国高速公路建设安全管理形势依然严峻。希望通过本图册的出版，能够将汕梅高速公路改扩建项目的成功经验推广至全行业，为解决行业难题贡献一份力量。同时，我们也期待这种将实践经验转化为标准规范的模式，能够成为行业施工安全标准化管理的重要动力，为全国山区高速公路改扩建及类似工程开辟安全、高效、绿色施工的新路径，助力交通运输事业高质量发展。

2025 年 8 月 1 日

前言 PREFACE

近年来，随着我国高速公路建设进入高质量发展新阶段，施工安全管理正面临前所未有的挑战。交通运输部和广东省交通运输厅深入贯彻落实习近平总书记关于安全生产的重要论述，将施工安全标准化建设作为提升本质安全水平的关键举措，通过完善标准体系、强化技术支撑、创新管理手段，持续推动工程建设安全管理现代化。

汕梅高速公路改扩建项目（汕昆高速揭阳新亨至梅州畲江段、梅汕高速公路梅州程江至畲江段），是《广东省高速公路网规划（2020—2035年）》"纵二线"的关键一环，宛如粤东大地的交通脊梁，连接区域、促进协同。项目现状为双向四车道，为满足交通需求，将改扩建为双向八车道，全长88km，概算142.53亿元，2023年开工，计划2026年通车，对区域经济发展意义重大。

作为广东省首条山岭重丘区高速公路改扩建项目，汕梅高速公路改扩建项目宛如一块充满挑战的"试金石"，面临"一差六多三难"的严峻挑战。"一差"即地质条件复杂，岩层破碎、灾害频发，施工"如履薄冰"；"六多"涉及诉求、工点、桥梁、管线、敏感点及限建条件多，协调规划困难重重；"三难"指指标调整、拼宽实施与安全保通难，施工与管理需慎之又慎。然而，这些挑战也赋予了项目独特的先行性、示范性和代表性，为行业创新发展提供了试验田。

项目筹建以来，以顶层设计为先导，以"双标"管理为抓手，创新形成14项整体管理策划与12项专题策划，为项目推进绘制蓝图、奠定根基。在此基础上，项目提出"1863"建设目标与管理理念，以打造"平安百年品质示范工程"为总目标，建设"八个工程"，践行"六个理念"，做到"三个同时"，确保项目高效有序推进。

在全面安全管理（TSM）理念指引下，项目推行"安全管理三维度"模式，在目

标理念上追求高标准，现场管控上展现强力度，文化兴安上传递暖温度，取得了显著成果。《汕梅高速公路改扩建施工安全标准化图册》作为安全管理成果的结晶，荣获“中国公路学会 2024 年度最受欢迎公路科普作品”，彰显了其行业示范价值。

该图册是项目安全管理经验的深度总结，为工程建设者提供了全面、实用、可复制的安全防护标准化经验。编写组广泛征求意见，反复修改完善，确保内容贴合实际、操作性强。

图册从视觉形象、占道施工、现场施工、安全创新四个方面展开。视觉识别规范项目标识与安全色，打造专业形象；占道施工章节保障施工与交通安全；现场施工标准化覆盖重点区域与关键环节，编织安全“防护网”；安全创新展示智慧用电等举措，激发行业创新活力。同时，结合实际案例讲解，便于读者学习借鉴。

我们期望《汕梅高速公路改扩建施工安全标准化图册》能如“星星之火”，在全国山区高速公路改扩建及类似工程中点燃安全创新之火，推动行业施工安全标准化水平提升，助力交通运输事业安全、高效、绿色发展，为国家繁荣与人民幸福筑牢安全根基。

由于编写组学识和条件所限，本图册在场景典型性、标识鲜明性、表述严谨性和内容完整性等方面难免存在疏漏与不足。恳请各位专家学者、业界同人不吝赐教。所有批评建议均视为对本图册的重要改进指引，我们将虚心采纳并在后续修订中完善。

作　者

2025 年 8 月 1 日

目录 CONTENTS

CHAPTER 1

第1章 视觉识别

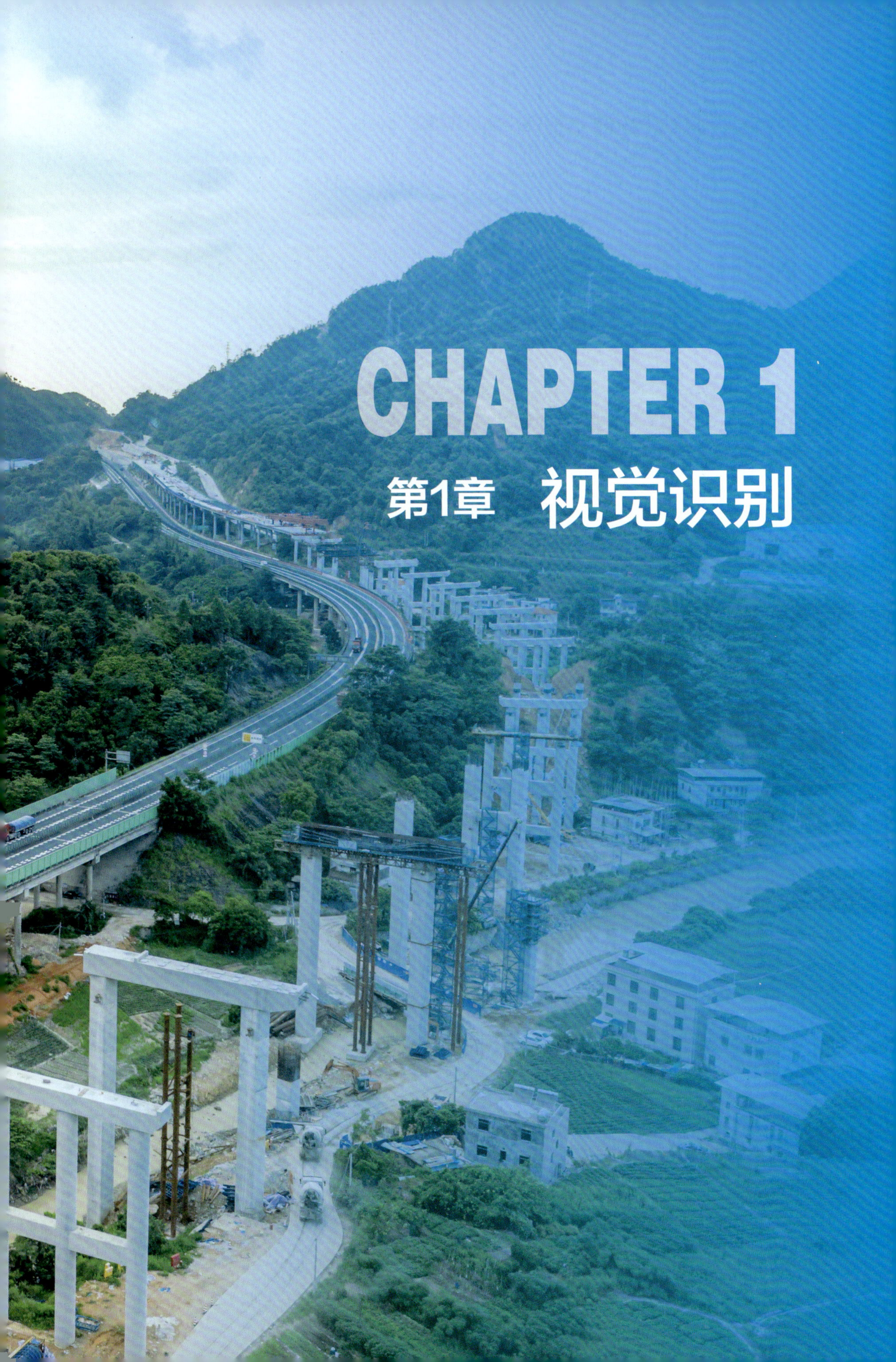

1.1 基础项目系统

1.1.1 项目标识

标识是企业的象征，体现了企业的特点，是视觉识别系统的核心，本项目标识组合为：广东交通集团标志+“汕梅改扩建”，项目合同段标识组合为：“广东交通集团标志+施工单位标志+标段名称”。

广东交通集团

汕梅改扩建

▲ 项目标识

▲ M100 Y100　　▲ C100 M60

汕梅改扩建

▲ 汉仪大黑简体

广东交通集团 | 中国交建 ××××××有限公司

汕梅高速改扩建TJ×标项目经理部

▲ 项目合同段标识

1.1.2　标识辅助色

标识辅助色的使用，丰富和完善了企业的形象。

注意事项：标识辅助色必须符合标识色彩使用规范。

▲ C0 M0 Y0 K0

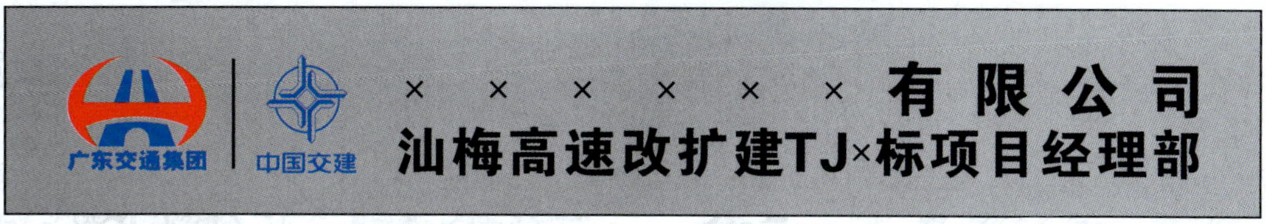

▲ K30

▲ M100 Y100

▲ C100 M60

1.2 办公事务系统

1.2.1 工作证

工作证是表示一个人在某单位工作的凭证，是一个企业形象和认证的一种标志，传递企业个性化的视觉形象，在具体实施中应参照执行。

尺寸：54mm × 85mm（参考）。

材质：PVC人像卡+卡套+挂绳。

编号组成："汕梅扩"拼音首字母-标段号-人员编号，如：SMK- 2-001。

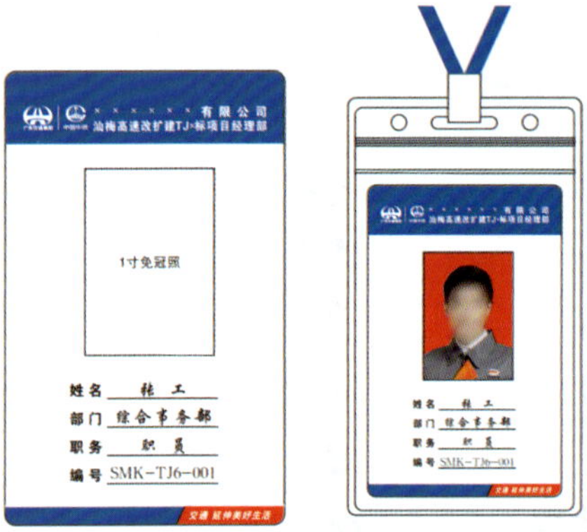

▲ 工作证

1.2.2 会议台牌

会议台牌分为业主、监理、中心试验室、施工单位。

设置位置：摆放于桌面上。

尺寸：200mm × 100mm。

材质：亚克力台牌架+铜版纸内芯

▲ 会议台牌

1.3 环境形象系统

1.3.1 施工现场人员标识

建设、监理、施工单位人员应根据岗位分工，佩戴不同颜色安全帽。其中建设、监理单位人员的安全帽为白色，施工单位管理人员的安全帽为红色，特种作业人员的安全帽为蓝色，施工作业人员的安全帽为黄色。

施工单位专（兼）职安全生产管理人员（包括班组安全协管员）应佩戴红色“安全员”袖标，尺寸为25cm×14cm。

▲ 施工单位安全帽标准（尺寸单位：mm）

▲ 款式一（管理处）（尺寸单位：mm）

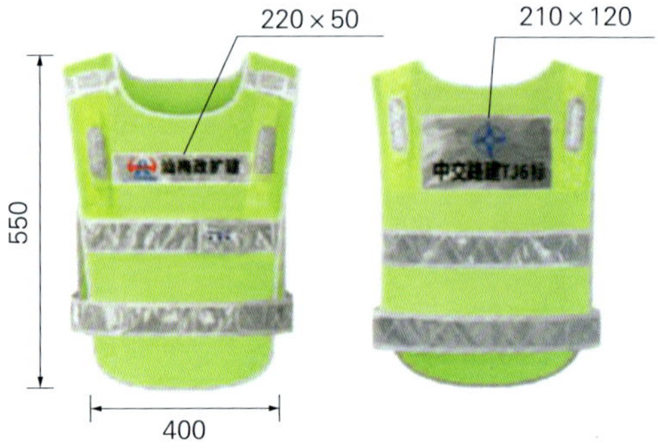

▲ 款式二（交通协管员）（尺寸单位：mm）

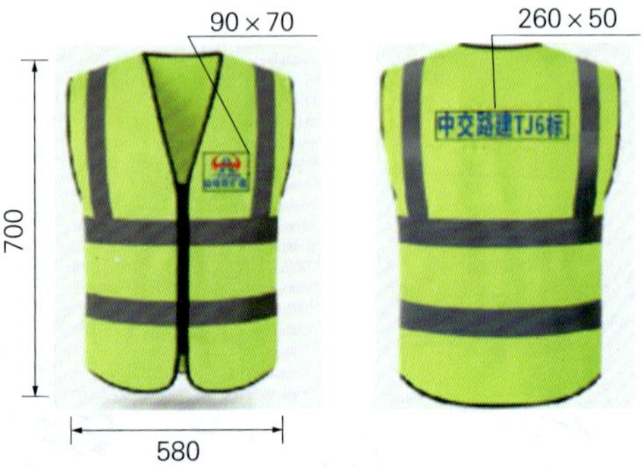

▲ 款式三（管理人员）（尺寸单位：mm）

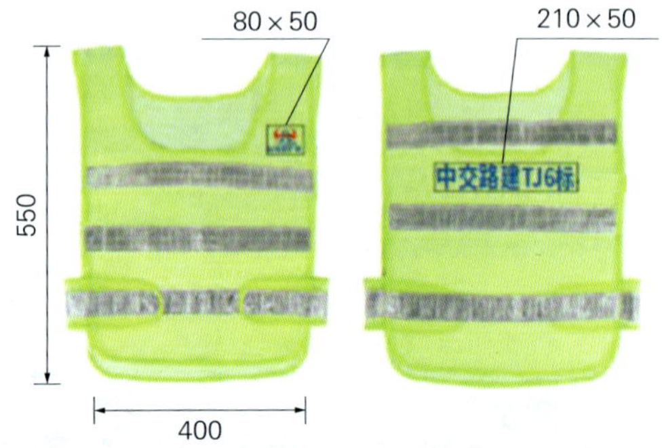

▲ 款式四（作业人员）（尺寸单位：mm）

▲ 款式五（路上作业人员）

1.3.2 施工车辆

施工车辆车身颜色应为“工程黄”，车辆应粘贴反光标识，安装车尾防撞护栏和导向灯，鼓励施工车辆加装警示频闪灯、声音警示装置、行车记录仪、倒车影像系统等。

▲ 多用途货车

▲ 小型货车

▲ 中型货车

▲ 大型货车

▲ 车尾

1.3.3 彩门

设置位置：前往项目部、重大工点、特大桥的便道与地方道路交叉口处。

尺寸：视实际情况而定。

材质：钢结构框架+高精灯布画面。

注意事项：彩门正面横梁内容统一按下图格式；背面等内容为施工单位企业宣传口号。

跨一级公路：

跨二级公路：

▲ 彩门

1.3.4 指引牌

尺寸：牌面尺寸为1000mm×1500mm，架高900mm。

材质：铝合、不锈钢材质等。

字体要求：蓝底白字。

注意事项：便道编号为“汕梅扩”拼音开头字母（大写）SMK–标段号–第×号便道（从小里程到大里程顺序编号）。

如：SMK–TJ6–001。施工单位如有标志需摆放于汕梅改扩建标志后面。

设置位置：前往项目部、拌和站、重大工点、特大桥等的便道与地方道路交叉口处。

尺寸：按下图。

材质：钢结构框架+不锈钢面板+反光膜。

注意事项：按下图所示版式制作。

▲ 施工便道口（尺寸单位：mm）

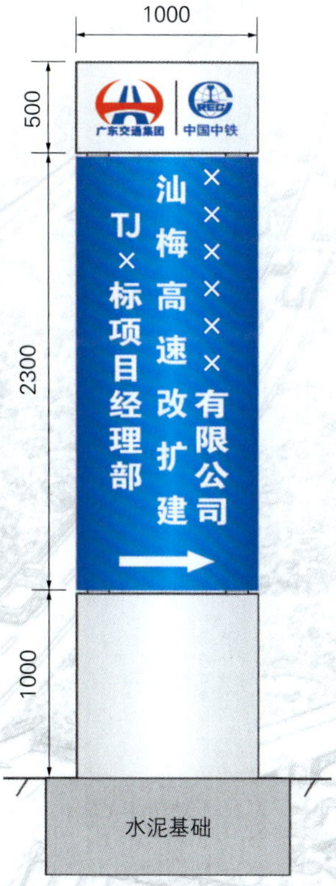

▲ 项目部指引牌（尺寸单位：mm）

1.3.5 项目部驻地行政牌

设置位置：设置于项目部、总监办大门口处。

尺寸：400mm×（2200～2500）mm。

材料：不锈钢。

字体要求：不锈钢底黑体字。

注意事项：项目标识作为整体形象，不得拆分，制作时请严格按照要求绘制。

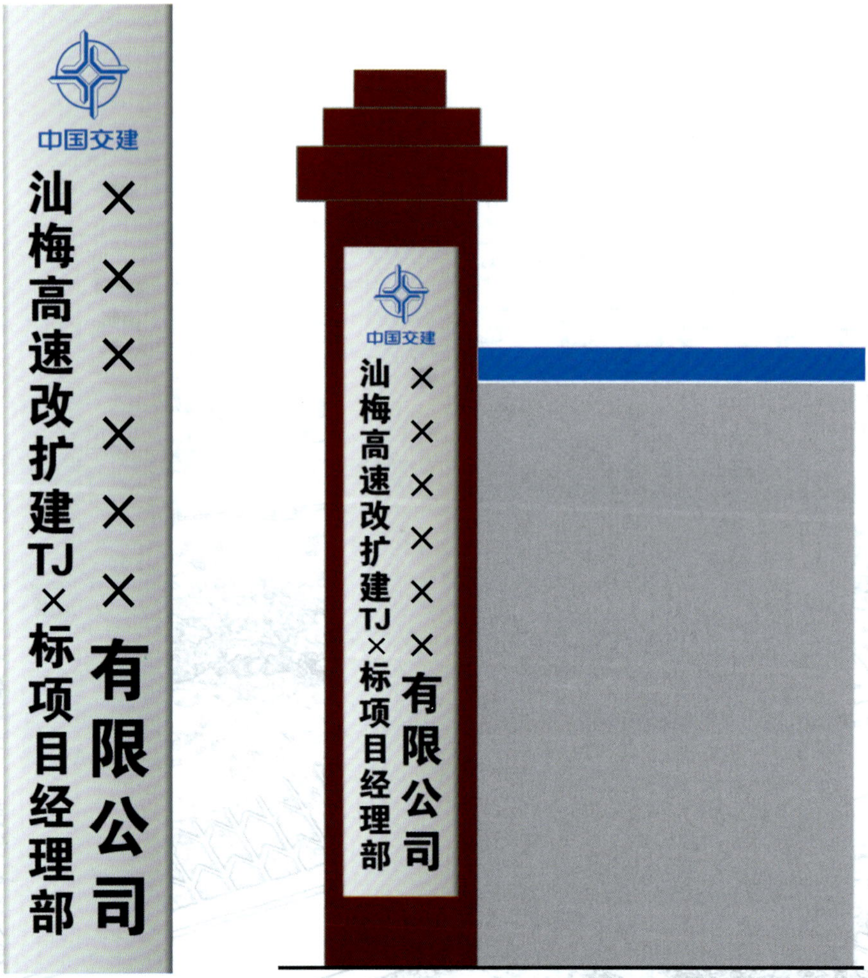

▲ 项目部驻地行政牌（竖式）

1.3.6 项目部驻地旗台

项目部驻地旗台应突出企业的行业特点，设计制作应参照执行。

尺寸：视具体情况而定。

材质：水泥基座+瓷砖铺面+不锈钢旗杆+3号旗（规格：192cm × 128cm）。

注意事项：旗台需悬挂3面旗帜，分别为国旗、业主旗、施工单位旗；其中业主旗按业主标准颜色制作，不得随意更改；施工单位旗根据其单位标准颜色自行搭配。

▲ 旗台（尺寸单位：cm）

▲ 3号旗

1.3.7 项目部驻地平面布置图

设置位置：项目部驻地内显眼位置。

尺寸：1500mm×1200mm。

材质：不锈钢结构框架+高精车贴画面。

注意事项：制作时根据实际情况，可制作成落地台式、立式、上墙挂式等，但画面不小于下图尺寸。

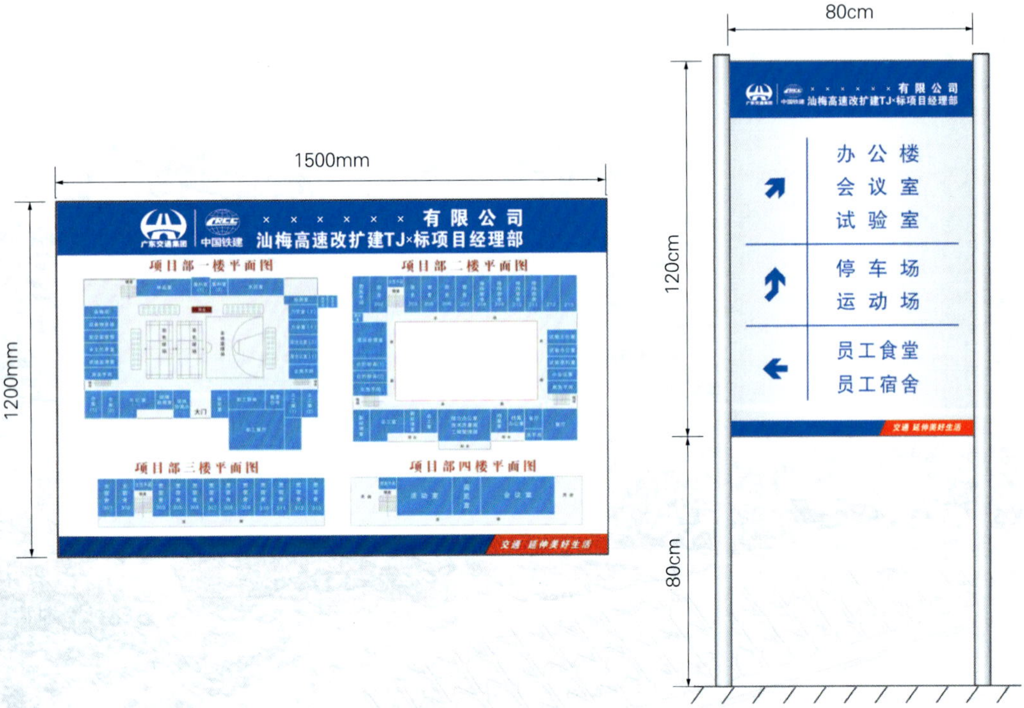

▲ 项目部驻地平面布置图

1.3.8 项目部驻地区域导向牌、欢迎牌

设置位置：项目部驻地内显眼位置。

尺寸：根据实际情况制定。

材质：不锈钢结构框架+高精车贴画面。

注意事项：制作时根据实际情况，可制作成落地台式、立式、上墙挂式等，但画面不小于下图尺寸。

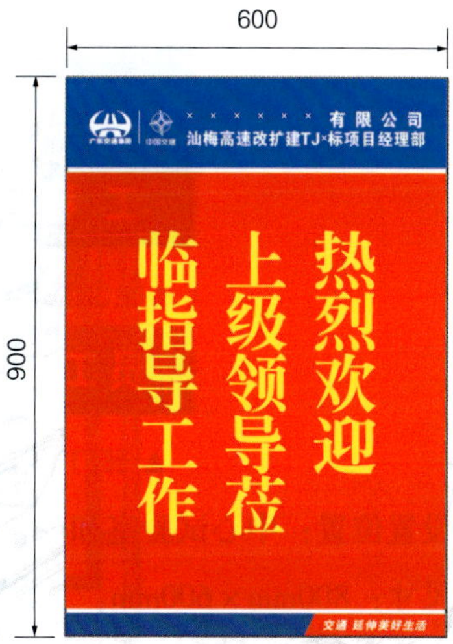

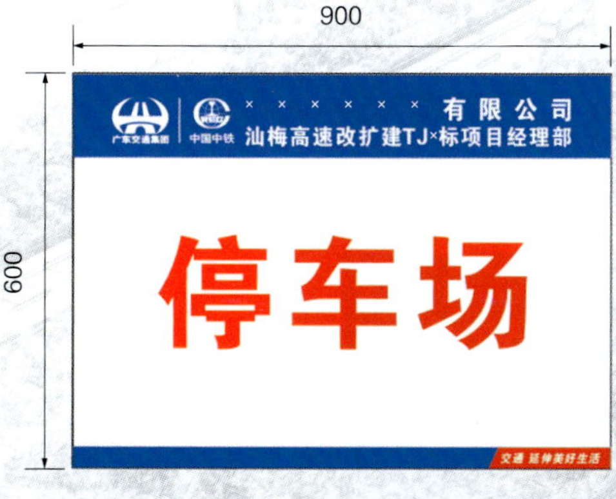

▲ 项目部驻地区域导向牌（尺寸单位：mm）

▲ 欢迎牌

1.3.11 廉政监督牌/防火须知牌、施工平面图、工程立体效果图

设置位置：总监办、项目部、中心试验室、驻地院内及施工现场。

尺寸：2000mm×1500mm。

材质：铝合金、不锈钢框架+高精车贴画面。

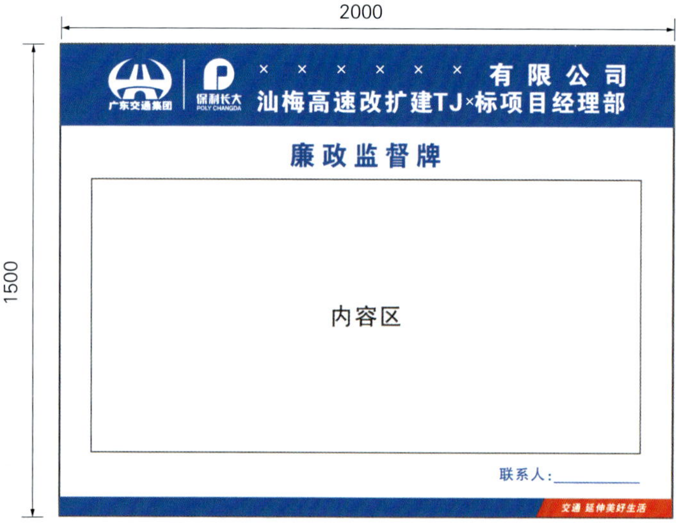

▲ 廉政监督牌（尺寸单位：mm）

设置位置：项目部、总监办会议室或驻地室内。

尺寸：1200mm×2400mm（据实际情况可稍做调整）。

材质：不锈钢铝合金、框架+高精车贴画面。

备注：饰边可采用铝合金、不锈钢、钛金、塑料等材质。

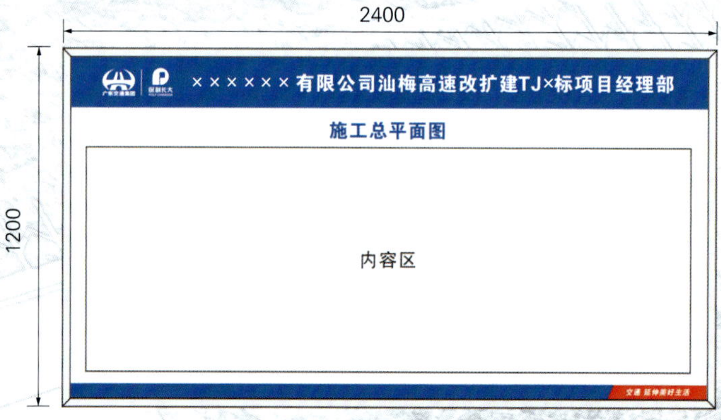

▲ 施工平面图（尺寸单位：mm）

1.3.12　会议室布置、上墙职责制度牌

会议室布置内容需有：背景墙、投影幕、“八牌二图”、线路图、形象进度图、各类制度等（企业宣传）。

尺寸：背景墙、投影幕据实际情况而定，“八牌二图”尺寸为1200mm×800mm，制度牌尺寸为600mm×800mm。

材质：铝合金框架（或亚克力板）+高精车贴画面。

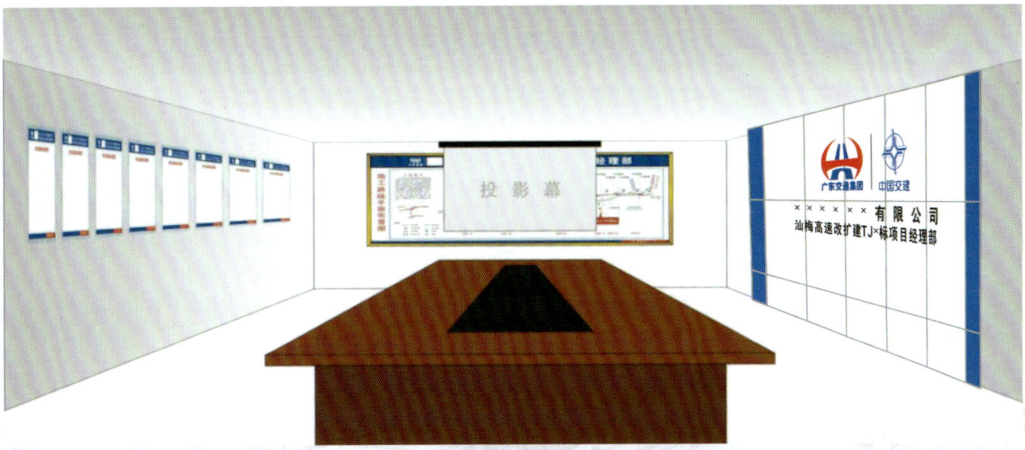

▲ 会议室布置

▲ 工程实例

设置位置：在项目部、总监办（驻地）及中心试验室（工地）的会议室、办公室上墙的各项制度和岗位职责牌等。

尺寸：600mm×800mm。

材质：铝合金框架（或亚克力板）+高精车贴画面。

▲ 上墙职责制度牌（尺寸单位：mm）

1.3.13 安全标识牌

（1）安全标志标牌可选用镀锌铁皮、铝合金板、薄钢板等坚固耐用的材料制作，一般不宜使用遇水变形、变质或易燃的材料；有触电危险的场所应使用绝缘材料。选用的反光膜应符合现行《道路交通反光膜》（GB/T 18833）的相关要求。

（2）标志标牌图形应清晰，材料表面应光滑，不能出现毛刺、孔洞；边缘和尖角应适当倒棱，呈圆滑状，带有毛边处应打磨光滑。

（3）多个标志牌在一起设置时，应按警告、禁止、指令、提示类型的顺序，先左后右、先上后下的排列。

设置位置：设置在施工现场、拌和站、钢筋加工场、预制场等材料摆放区域。

尺寸：600mm×500mm。

材质：镀锌方管框架+彩钢板+高精车贴画面。

▲ 材料标识牌等

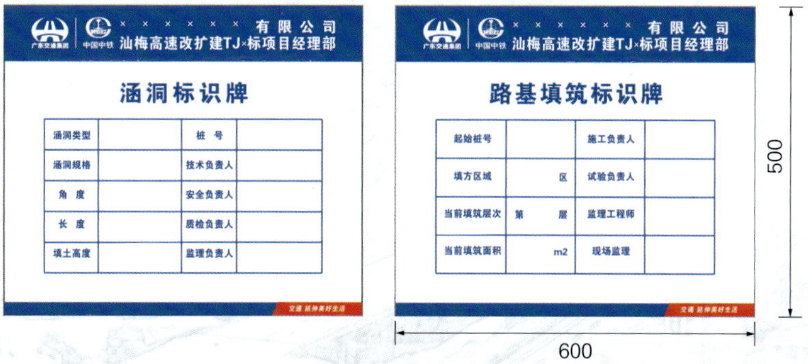

▲ 施工标识牌（尺寸单位：mm）

设置位置：设置在施工现场、拌和站、钢筋加工场、预制场等材料摆放区域。

尺寸：1500mm×1000mm。

材质：镀锌方管框架+彩钢板+高精车贴画面。

▲ 安全警示标识牌

▲ 混凝土配合比标识牌（尺寸单位：mm）

（4）安全标志的基本形式与参数如下表所示，L为观察距离，单位为m。

安全标志类别	禁止标志	警告标志
基本形式	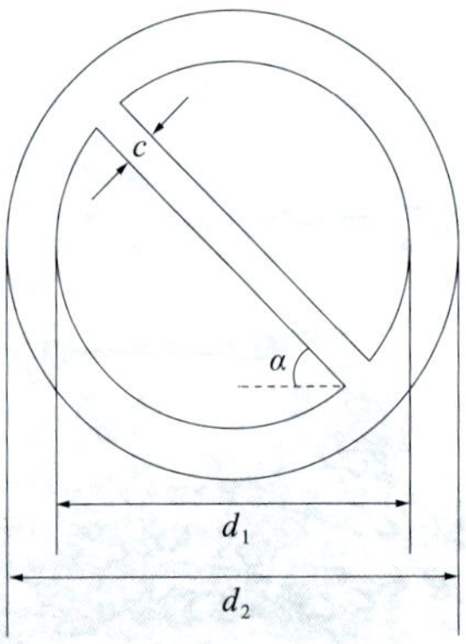	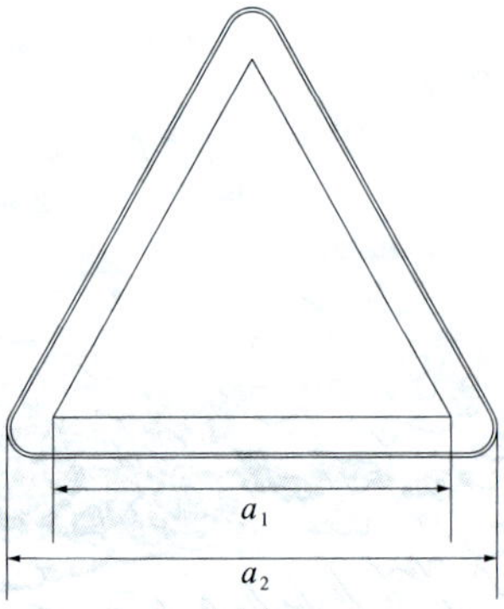
相关参数	外径 $d_1=0.025\,L$； 内径 $d_2=0.800\,d_1$； 斜杠宽 $c=0.080\,d_2$； 斜杠与水平线的夹角 $\alpha=45°$	外径 $a_1=0.034\,L$； 内径 $a_2=0.700\,a_1$； 边框外角圆弧半径 $r=0.080\,a_2$
备注	基本形式为带斜杠的圆形框；圆形和斜杠为红色，图形符号为黑色，衬底为白色；文字辅助标志衬底为红色，文字为白色黑体字	基本形式为正三角边框；三角形边框及圆形符号为黑色，衬底为黄色；文字辅助标志为白底黑框，文字为黑色黑体字

续上表

安全标志类别	指示标志	提示标志	说明标志
基本形式	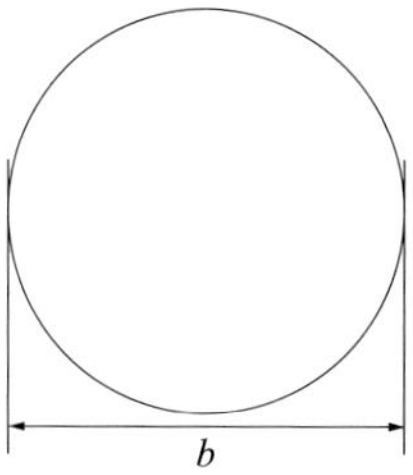		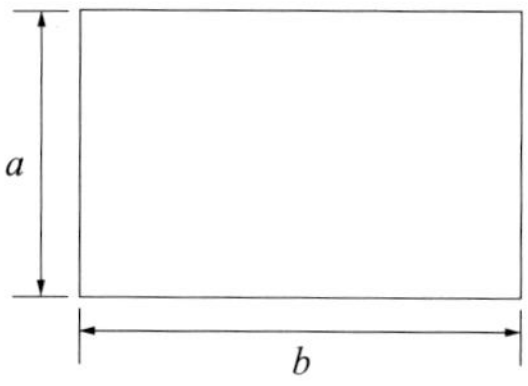
相关参数	直径 d=0.025 L	边长 a=0.025 L	边长（高）a=0.025 L 边长（宽）b=1.6 a
备注	基本形式为圆形边框；圆形符号为白色，衬底为蓝色；文字辅助标志衬底为蓝色，文字为白色黑体字	基本形式为正方形边框；圆形符号为自色衬底为绿色或者红色；文字为自色黑体字	基本形式为矩形边框；衬底为白色；字为红色黑体字；当需要表达具体要求时使用

《安全标志及其使用导则》（GB 2894—2008）附录A（规范性附录）安全标志牌的尺寸表

A.1 安全标志牌尺寸

基观察距离 L（m）	圆形标志（cm）			三角形标志（cm）			正方形边长（cm）	矩形边长（cm）
	外径	内径	斜杆宽	外边长	内边长	外角圆弧		
$0<L\leqslant2.5$	7	5.6	0.45	8.8	6.16	0.49	6.3	10×6.3
$2.5<L\leqslant4$	11	8.8	0.7	14.2	9.97	0.8	10	16×10
$4.0<L<6.3$	17.5	14	1.12	22	15.4	1.23	16	25.6×16
$6.3<L\leqslant10.0$	28	22.4	1.79	35	24.5	1.96	25	40×25
$10.0<L\leqslant16.0$	45	36	2.88	56	39.2	3.14	40	64×40
$16.0<L\leqslant25.0$	70	56	4.48	88	61.6	4.93	63	100×63
$25.0<L\leqslant40.0$	111	88.8	7.1	140	98	7.84	100	160×100

（5）以观察距离6.3<L≤10.0为例的安全标志尺寸示例如下。

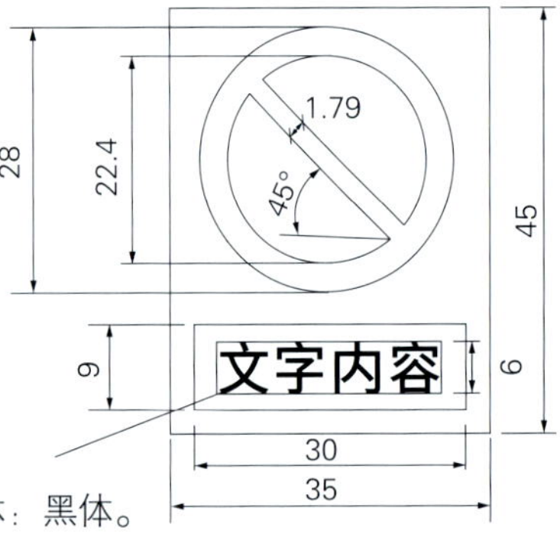

字体：黑体。
轮廓笔宽度：细线。
颜色：白色。
字体大小：180pt / 高6cm

▲ 禁止标志（尺寸单位：cm）

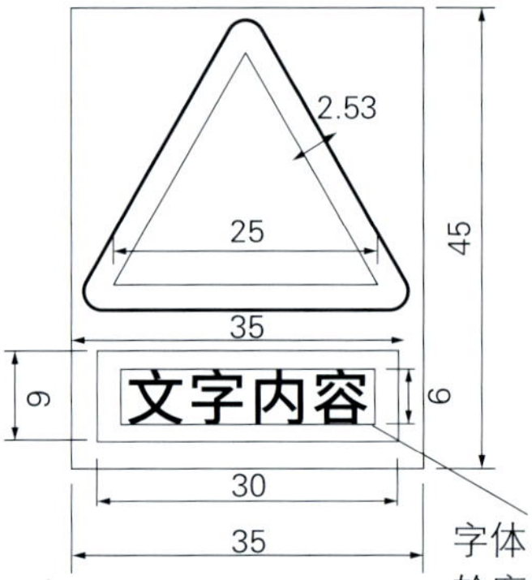

字体：黑体。
轮廓笔宽度：细线。
颜色：白色。
字体大小：180pt / 高6cm

▲ 警告标志（尺寸单位：cm）

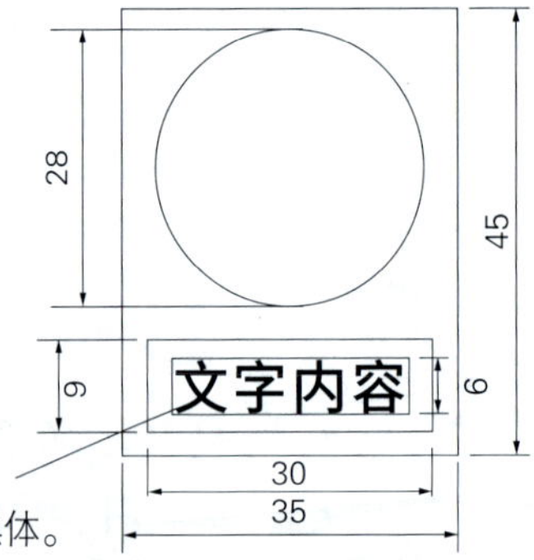

字体：黑体。
轮廓笔宽度：细线。
颜色：白色。
字体大小：180pt / 高6cm

▲ 指示标志（尺寸单位：cm）

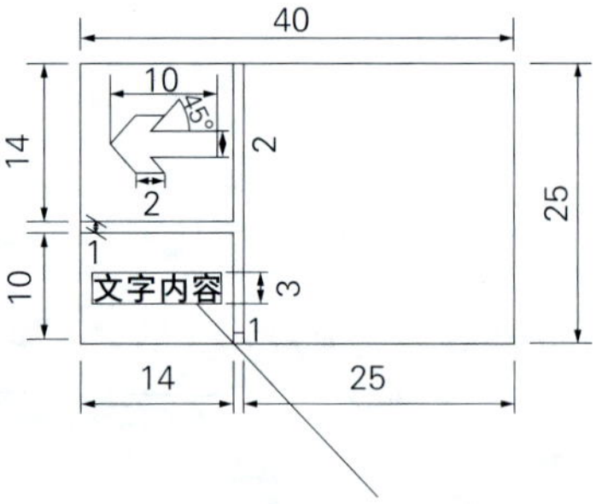

字体：黑体。
轮廓笔宽度：细线。
颜色：白色。
字体大小：80pt / 高3cm

▲ 提示标志（尺寸单位：cm）

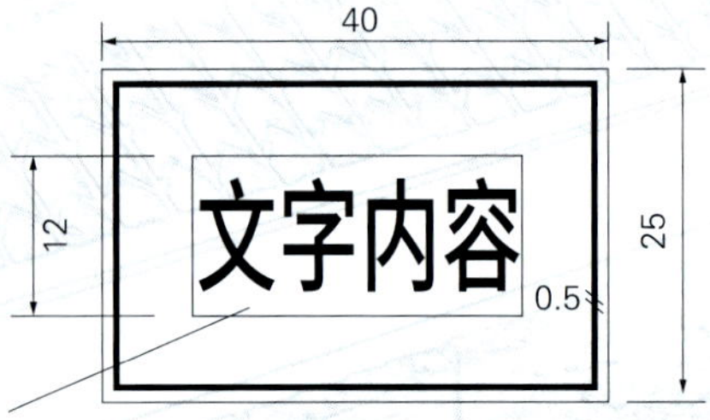

字体：黑体。
轮廓笔宽度：细线。
颜色：红色。
字体大小：单行350pt / 高12cm；
双行280pt / 高9.5cm

▲ 说明标志（尺寸单位：cm）

（6）禁止标志设置要求如下。

图形					
设置部位	具有明火设备或高温的作业场所，如：各种焊接、切割等动火场所	易造成事故或对人员有伤害的场所，如：高压设备室、配电房等入口处	不允许攀爬的危险地点，如：有危险的建筑物、构筑物、设备处	对人员具有直接危险的场所，如：危险路口、吊装作业区、输送带下方、预制梁架设区等	有载物升降吊篮的场所
图形					
设置部位	用电设备或线路检修时，相应开关处	不允许靠近的危险区域，如：高压线、输变电设备的附近	抛物易伤人的地点，如高处作业现场、深沟（坑）等	占道施工作业，或能对行人构成伤害的高空作业，或已经废气通道的两端入口处	有乙类火灾危险物质的场所，如：氧气、乙炔存放区、油罐存放区及其他易燃易爆处
图形					
设置部位	应急通道，安全通道及施工操作平台等处	设置在场城、驻地的进出口处	设置在桥梁左右幅临时护栏处	有乙类火灾危险物质的场所，如：氧气、乙炔存放区、油罐存放处及其他易燃易爆处	

（7）警告标志设置要求如下。

图形					
设置部位	易造成人员伤害的场所及设备等处	施工现场狭小低矮通道处	有吊装设备作业的场所	工区内车、人混合的路段，道路的拐角处；车辆出入较多的办公区、车库等出入口处	易发生坠落事故的作业地点
图形					
设置部位	易发生机械卷入、扎压、碾压、剪切等机械伤害的作业地点	地面有油、水等物质及斜面处，下雨后工区房入口处	有可能发生触电危险的电气设备和线路处，如：配电箱（柜）、开关箱、变压器、用电设备处	已发生落物危险的地点，如：高处作业、立体交叉作业等的下方	施工场所变压器、高压电力设备等处

（8）指令标志设置要求如下。

图形					
设置部位	头部易受外力伤害的作业场所	易发生坠落危险的作业场所	对眼睛有伤害的作业场所，如打磨、切割、预应力施工等作业场所	易伤害手部的作业场所，如：具有腐蚀、污染、灼热及触电危险等作业场所	易造成人体紫外线辐射的作业场所，如：电焊作业场所

续上表

图形			
设置部位	易发生溺水的作业场所	易伤害脚部的作业场所，如：具有腐蚀、灼烫、触电、碰（刺）伤等危险的作业场所	防雷、防静电场所，易出现外壳带电的设备设施使用场所

（9）提示标志设置要求如下。

图形				
设置部位	便于安全疏散的紧急出口处，与方向箭头结合设置	可使用明火的场所	灭火器设置点（专用提示标志）	驻地及现场的重点消防部位（专用提示标志）

（10）说明标志设置要求如下。

图形	乙炔存放处	氧气存放处	禁止向水中排放泥浆	机房重地闲人免进	禁止掉落焊花
设置部位	乙炔瓶存放处	氧气瓶存放处	水上施工作业场所	拌和站、预制场的控制室和发电机房、抽水机房等处	跨越通航河道、公路等施焊场所

续上表

图形	禁止暴晒	禁止翻越 防护栏	禁止排放油污	施工重地 闲人免进
设置部位	使用氧气、乙炔等压缩气瓶场所	设置在高度有限的防护栏杆	水上施工作业场所	拌和站、加工场、预制场、现浇梁、施工工地等现场出入口、重点部位的醒目位置

1.3.14 水泥罐喷字

水泥罐喷字应突出企业标识，画面大气、醒目，内容需有线路名称、施工单位名称等。

尺寸：视具体情况而定。

色彩：按企业标准色和辅助色。

▲ 水泥罐喷字

1.3.15　路边彩旗

户外广告旗可采用纺织水晶印或丝网印刷。

尺寸：500mm × 1500mm。

材质：布质。

色彩：按企业标准色和辅助色。

注意事项：彩旗设置时应按照“项目名称旗” + “施工单位名称旗”交替循环设置。

▲ 路边彩旗

1.3.16　标语、横幅

标语或者口号，带有一定的口号性和主观性和便捷性，主要用于反复表达一个概念或者目标。

尺寸：视具体情况而定。

材质：丝印横幅或灯布喷绘。

色彩：按企业标准色和辅助色。

▲ 会议标语模板（白字）

▲ 施工现场标语模板（黄字）

CHAPTER 2

第2章 占道施工安全标准化

2.1 交通组织标志牌

（1）道路交通标志以颜色、形状、字符、圆形等向通道使用者传递信息,用于管理交通的设施。交通标志应结合道路及交通情况设置。通过交通标志提供准确及时的信息和引导，道路使用者顺利了解道路信息，促进交通畅通和行车安全。

本项目标志结构设计执行以下要求：

①本设计标志支撑结构方式为单柱式。

②标志反光膜均采用V类反光膜。

③面积≤1.5m^{2}标志板面采用铝塑板，其他则采用牌号为3004的铝合金板材。

④标志的钢管立柱为电焊钢管，立柱规格为89m×4.5m×2922mm。

⑤标志结构中的所有钢铁构件（包括螺栓、螺母等），均做热浸镀锌防腐处理。

⑥可考虑对现状拆除的标志板和杆件进行利旧使用。

（2）警告标志的尺寸代号，如下图所示。其边长、边宽的一般值应根据设计速度按下表选取。

设计速度（km/h）	参数						
	A	R_1	B_1	R_2	C	D	E
	外三角形边长（cm）	外三角形圆角半径（cm）	黑边三角形外边长（cm）	黑边三角形圆角半径（cm）	黑边三角形内边长（cm）	黑边宽度（cm）	黄衬边宽度（cm）
<40	70	3	68.61	2.6	51.29	5	0.4
40～70	90	4	87.92	3.4	65.4	6.5	0.6
71～99	110	5	107.23	4.2	79.52	8	0.8
100～120	130	6	126.54	5	95.36	9	1

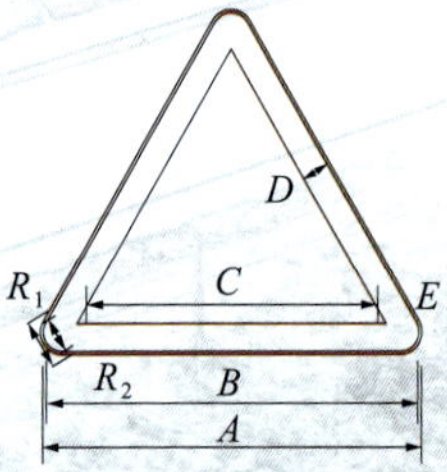

▲ 交通标志（警告）黄底黑边黑图

2.1.1　警告标志设置要求

图形					
设置部位	设置位置为曲线起点的外面，但不应进入相邻的圆曲线内	设置位置为曲线起点的外面，但不应进入相邻的圆曲线内	设置位置为两反向圆曲线起点的外面，但不应进入相邻的圆曲线内	设置位置为两反向圆曲线起点的外面，但不应进入相邻的圆曲线内	用以提醒车辆驾驶人员小心驾驶，在纵坡坡脚或坡顶以前适当位置设置
图形					
设置部位	用以提醒车辆驾驶人员小心驾驶，在纵坡坡脚或坡顶以前适当位置设置	设在双车道路面宽度缩减为 6m 以下的路段起点前方	设在双车道路面宽度缩减为 6m 以下的路段起点前方	设在双车道路面宽度缩减为 6m 以下的路段起点前方	设在桥面净宽较两端路面宽度变窄，且桥面净宽小于 6m 的桥梁前的适当位置

图形				
设置部位	设在由双向分离行驶，因某种原因出现临时性或永久性的不分离双向行驶的路段	设在由双向分离行驶，厌某种原因出现临时性或永久性的不分离双向行驶的路段	设在行人密集或不易被驾驶员发现的人行横道线前的适当位置	设在傍山险路路段前的适当位置

续上表

图形				
设置部位	设在有落石危险的傍山路段前的适当位置	设在沿水库、湖泊、河流等堤坝道路前的适当位置	设在前方道路发生特殊情况，影响行车安全的路段前的适当位置	该标志可以作为临时标志支设在施工路段前的适当位置

禁令标志各部分尺寸的一般值应根据设计速度选取。如果采用柱式标志可采用最小值。圆形禁令标志的直径最小不应小于50cm，三角形禁令标志的边长最小不应小于60cm，八角形对角线长度最小不应小于50cm。

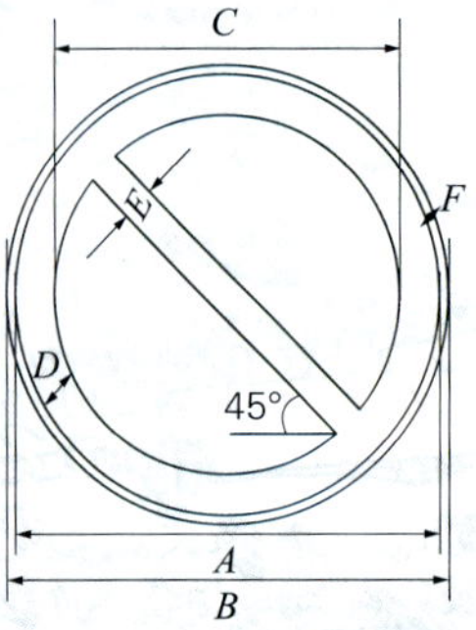

▲ 交通标志（禁令）白底红边黑图

设计速度（km/h）	参数					
	A	B	C	D	E	F
	外圆直径（cm）	红边圆外直径（cm）	红边圆内直径（cm）	红边宽度（cm）	红杠宽度（cm）	白衬宽度（cm）
<40	60	59.2	47.2	6	4.5	0.4
40 ~ 70	80	78.8	62.8	8	6	0.6
71 ~ 99	100	98.4	78.4	10	7.5	0.8
100 ~ 120	120	118	94	12	9	1

2.1.2　禁止标志设置要求

图形					
设置部位	设在禁止载货汽车通行路段的入口处	设在需要限制车辆质量的桥梁两端	设在禁止机动车掉头路段的起点和路口前的适当位置	设在禁止超车路段的起点	设在禁止超车路段的终点
图形					
设置部位	此标志设在需要限制车辆轴重的桥梁两端，限制车辆轴重量不得超过 10t	设在需要限制车辆速度的路段的起点	设在需要限制车辆速度的路段的终点	设在禁止通行的道路入口附近	设在禁止驶入的路段入口明显之处

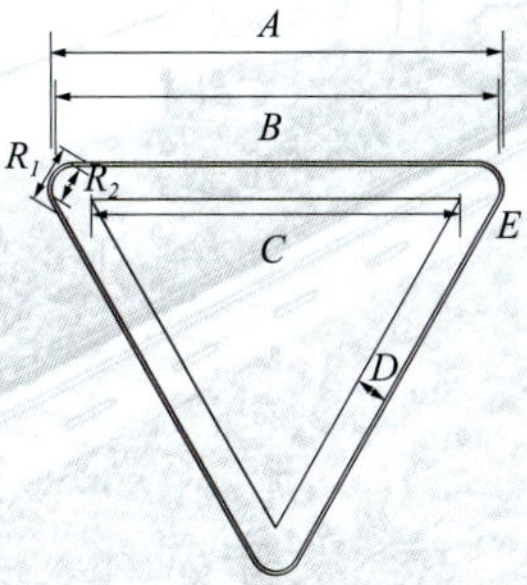

▲ 交通标志（减速让行标志、倒三角形）白底红边黑字

设计速度（km/h）	参数						
	A	R_1	B	R_2	C	D	E
	外三角形边长（cm）	外三角形圆角半径（cm）	红边三角形外边长（cm）	红边三角形圆角半径（cm）	红边三角形内边长（cm）	红边宽度（cm）	白衬边宽度（cm）
<40	70	3	68.61	2.6	44.37	7	0.4
40 ~ 70	80	4	87.92	3.4	56.74	9	0.6
71 ~ 99	—	—	—	—	—	—	—
100 ~ 120	—	—	—	—	—	—	—

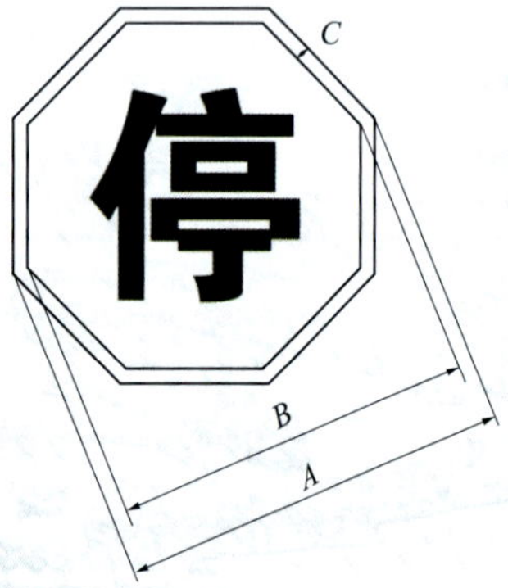

▲ 交通标志（停车让行、八角形）红底白边黑字

设计速度（km/h）	参数		
	A	B	C
	八角形外径（cm）	八角形内径（cm）	白衬边宽度（cm）
<40	60	56.91	2
40 ~ 70	80	73.5	3
71 ~ 99	—	—	—
100 ~ 120	—	—	—

（1）指示标志部分尺寸的一般值应根据设计速度选取。

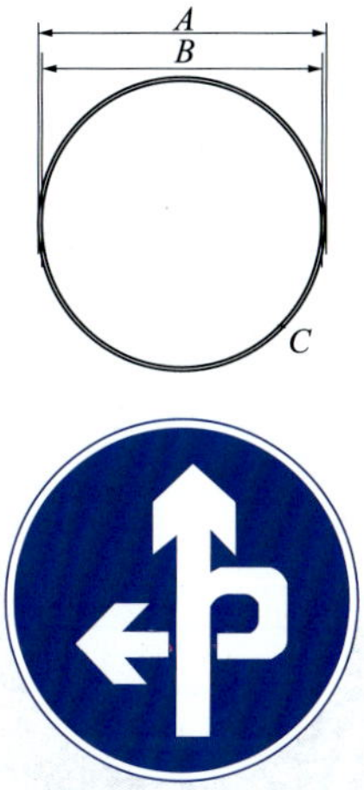

设计速度（km/h）	参数		
	A	B	C
	内圆直径（cm）	外圆直径（cm）	白衬边宽度（cm）
<40	60	59.2	0.4
40 ~ 70	80	78.8	0.6
71 ~ 99	100	98.4	0.8
100 ~ 120	100	118	1

▲ 交通标志（指示）蓝底自图白字

▲ 交通标志（指示、正方形）蓝底白图白字

设计速度（km/h）	参数				
	A	R_1	B	R_2	C
	外边长（cm）	外圆角半径（cm）	内边长（cm）	内圆角半径（cm）	白衬边宽度（cm）
<40	60	3.5	59.2	3.1	0.4
40 ~ 70	80	4	78.8	3.4	0.6
71 ~ 99	100	5	98.4	4.2	0.8
100 ~ 120	120	6.2	118	5.2	1

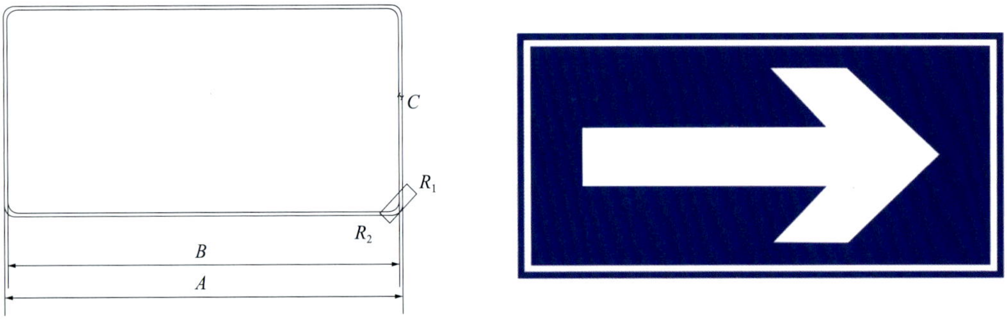

▲ 交通标志（指示、单行线）蓝底白图白字

设计速度（km/h）	参数				
	$A_1 \times B_3$	R_1	$A_1 \times B_2$	R_2	C
	外边长（cm）	外矩形圆角半径（cm）	内边长（cm）	内矩形圆角半径（cm）	白衬边宽度（cm）
<40	60 × 30	3.8	59.2 × 29.2	3.4	0.4
40 ~ 70	80 × 40	4.5	78.8 × 38.8	3.9	0.6
71 ~ 99	100 × 50	6	98.4 × 48.4	5.2	0.8
100 ~ 120	120 × 60	8	118 × 58	7	1

（2）限制宽度标志表示禁止装载宽度超过标志所示数值的车辆通行,道路净宽符号相关法律法规和标准规范规定的道路不需设此标志。

（3）限制高度标志表示禁止装载高度超过标志所示数值的车辆通行，道路净高符号相关法律法规和标准规范规定的道路不需设此标志。

▲ 交通标志（指示、正文形）蓝底白图白字

设计速度（km/h）	参数									
	A	B	C	D	E	F	G	H_1	H_2	H_3
	外圆直径（cm）	红边圆外直径（cm）	红边圆内直径（cm）	红边宽度（cm）	三角形尺寸（cm）		白衬边宽度（cm）	数字宽度（cm）	小数点后字高度（cm）	单位字宽度（cm）
<40	60	59.2	47.2	6	23	10	0.4	23	14.8	8.2
40 ~ 70	80	78.8	62.8	8	30.8	13.2	0.6	30.6	19	11
71 ~ 99	100	98.4	78.4	10	38.6	16.3	0.8	38	24	13.8
100 ~ 120	120	118	94	12	46	20	1	45	28.61	16

（4）限制质量标志表示禁止总质量超过标志所示数值的车辆通行。设在需要限制车辆质量的桥梁两端，以下图中数字为示例，表示禁止装载总质量超过10t的车辆通行。设置此标志的路段，在进入此路段前的路口适当位置要设置相应的指路标志提示，使总质量超过标志所示数值的车辆能够提前绕道行驶。

在经检查、检测和加固后的桥梁如果不能满足桥涵设计规范的要求，需要在桥梁的两端设置此标志，数值根据检测、评估等的结果确定。

以下情况可以不设此标志：①法律规定禁止的车辆载重；②桥梁符合相应的设计规范。

▲ 限重白底红边黑字

设计速度（km/h）	参数						
	A	B	C	D	E	H_1	H_2
	外圆直径（cm）	红边圆外直径（cm）	红边圆内直径（cm）	红边宽度（cm）	白衬边宽度（cm）	数字宽度（cm）	单位字宽度（cm）
<40	60	59.2	47.2	6	0.4	25	9.8
40 ~ 70	80	78.8	62.8	8	0.6	33.4	13
71 ~ 99	100	98.4	78.4	10	0.8	41.6	16.3
100 ~ 120	120	118	94	12	1	50	19.5

2.2 占道施工交通组织设计要求

（1）交通组织的实施须满足《道路交通标志和标线　第4部分：作业区》（GB 5768.4—2017）、《公路养护安全作业规程》（JTG H30—2015）、《广东省高速公路工程施工安全标准化指南》《公路工程施工安全防护设施技术指南》等的规定。

（2）占道施工安全设施包括：临时标志、临时隔离设施、临时防眩设施、临时视线诱导设施、交通锥、水马、防撞桶、警示灯、临时照明设施等等。交通安全设施的设置应满足《道路交通标志和标线　第4部分：作业区》（GB 5768.4—2017）和《公路养护安全作业规程》（JTG H30—2015）的相关规定。

（3）安全设施布设情况：

①警告区布设“2000m施工警示牌”“1000m施工警示牌”“限速牌”“警示频闪灯”“车道变窄警示牌”。

②上游过渡区布设“仿真协管员”“智能防撞（闯入）系统”“智能锥桶”“水码/交通锥”“太阳能导向标”“防撞沙桶”“路栏”“施工长度警示牌”。

③施工作业区设置“临时二十米标”“施工警示灯”“轮廓标”“应急交通锥”“背撑（桥梁段）”“人员临时疏散出口”“紧急停车点。

④终止区布设“交通锥/水码”“施工结束警示牌”“解除限速牌”“拯救车停放区”。

⑤涉路施工段落平均每公里布设“遇事故、车靠边、人撤离、快报警”“扩建施工、小心驾驶”安全警示牌。

2.3 高速公路占道施工作业控制区

2.3.1 作业区组成

作业区由警告区、上游过渡区、缓冲区、工作区、下游过渡区和终止区六个区域组成。

（1）作业区的限速值不应大于下表规定的值，限速过渡的差不宜超过20km/h,可按每200m降低20km/h 设置。

设计速度（km/h）	作业区位于主线行车道	作业区位于路肩时
100	60	80
80	40	60
隧道	40	—

（2）警告区的长度不应小于下表的规定。

设计速度（km/h）	警告区最小长度（m）
100	2000
80	2000

（3）上游过渡区长度根据作业占用道路宽度和设计车速确定，取值宜按照GB 5768.3渐变段长度的规定。当作业区位于隧道内时，上游过渡区应适当延长。

设计速度（km/h）	作业区位于主线行车道时 上游过渡区长度（m）	作业区位于路肩时 上游过渡区长度（m）
100	250	90
80	250	90

（4）缓冲区的长度宜大于下表的规定。

设计速度（km/h）	限制速度（km/h）	缓冲区长度（m）	备注
40	20/30	30	匝道
80	40	50	主线
100	60	80（下坡坡度≤3%） 100（下坡坡度>3%）	主线
80	60	80（下坡坡度≤3%） 100（下坡坡度>3%）	路肩
100	80	120（下坡坡度≤3%） 150（下坡坡度>3%）	路肩

（5）工作区长度应综合考虑交通延误和作业经济性确定，原则上工作区最大长度不超过4km。同一行车方向不同断面同时进行占道作业时，相邻两个工作区净距不宜小于5km。

（6）下游过渡区的长度不应小于30m。

（7）终止区最小长度应按照下表选取。

限制速度（km/h）	终止区长度（m）
<40	10～30
>40	30

2.3.2 作业区布置一般规定

（1）作业区交通标志及其他设施,是针对作业期间设置的临时性设施，作业完成后应及时拆除并恢复原交通标志及其他设施。

（2）作业区设置交通标志及其他设施时，采用“养护作业车在前作业+防撞缓冲车在后防护”布设和撤除交通安全设施。按照广东省公安厅交通管理局、广东省交通集团有限公司《关于下发高速公路占道施工交通安全防护视频教程第一篇的通知》的视频教程布设和撤除，视频教程登录省局公安网主页ftp://10.40.30.242下载，用户名:gsglglc，密码gsglglc123。

（3）渠化设施的设置范围包括上游过渡区、缓冲区、工作区及下游过渡区。交通锥、交通桶、交通柱的间距不宜大于10m，其中上游过渡区和工作区布设间距不宜大于4m。位于道路交叉范围内的作业区和临时作业区可根据实际情况简化上游过渡区、缓冲区、下游过渡区的渠化设施的设置。

（4）已有交通标志与作业期间交通组织冲突时，应予以去除或遮挡。

（5）占道施工的临时作业和短期作业，应配备交通引导员，桥梁段的占道施工可不配备交通引导员，交通引导人员之前至少100m处宜设置一块注意交通引导人员标志。特长、长隧道养护作业应全时段配备交通引导员，轮换时间不应超过4h。交通引导员应时刻面向来车方向，并站在护栏外侧，确保自身安全。

（6）占道施工的临时作业、短期作业和长期作业，应布设有摇旗功能的交通安全指挥假人模型，用以警示车辆注意安全。交通安全指挥假人模型宜布设在上游过渡区端头，应面向来车方向布设。模型应配有警示灯，利于夜间施工警示；宜采用太阳能充电板进行节能环保充电。

（7）占道施工的短期作业和长期作业，应布设智能防撞（防闯入）主动预警系统。智能防撞（防闯入）主动预警系统宜布设在上游过渡区或缓冲区。工作区长度超过1km的，工作区也应间隔布设。

（8）作业区夜间宜设置电子导向灯、照明或主动发光标志，除移动作业区外，同时应设置施工警告灯。施工警告灯应设置在路栏顶部，同时宜设置在渠化设施的顶部，也可同时设置在围绕工作区的其他设施上。设置间距不宜大于20m，高度宜为1.2m且不应低于1.0m。

（9）施工作业时间超过一个月的，施工单位必须在施工作业控制区采取硬隔离设施（石码或新泽西护栏）防护，设施连接线形要顺直，不能突出端头棱角，同时连续设置爆闪灯加强警示，确保交通安全和施工安全。

（10）作业区附近存在隧道、急弯、陡坡、铁路道口、视线不良等路段时，应根据实际情况增设相应的标志。

（11）作业区超过200m且不影响作业正常开展的前提下，宜在作业区每50m设置一道横向交通设施。

2.4 涉路施工安全设施布设图

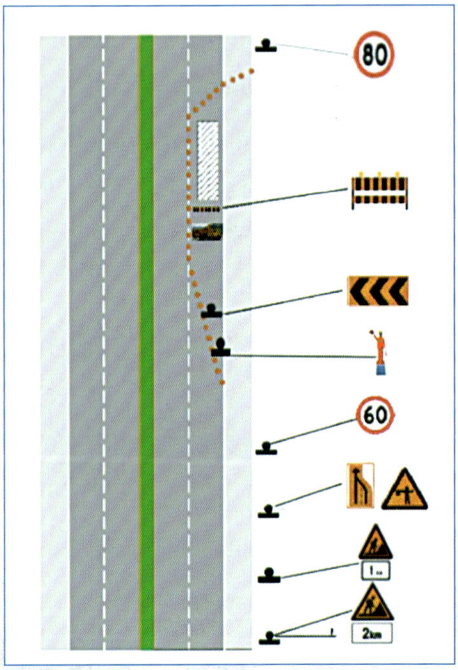

▲ 设计速度80km/h路段封闭外侧车道临时占道施工作业安全设施平面设置图

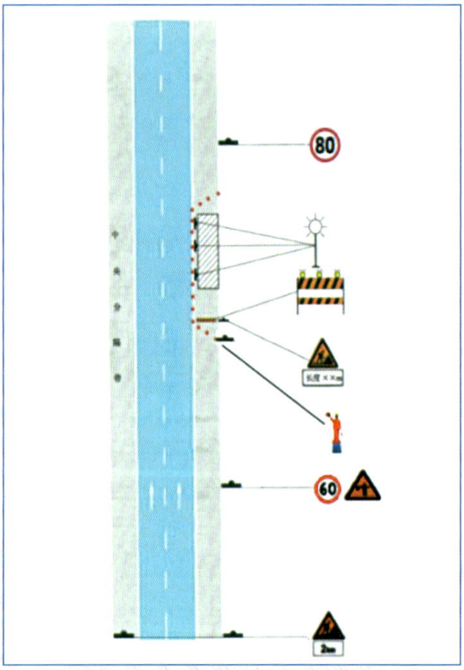

▲ 设计速度80km/h路段封闭路肩占道施工作业安全设施平面设置图

其他工点路段封闭参照《汕梅高速公路办理施工审批指南》。

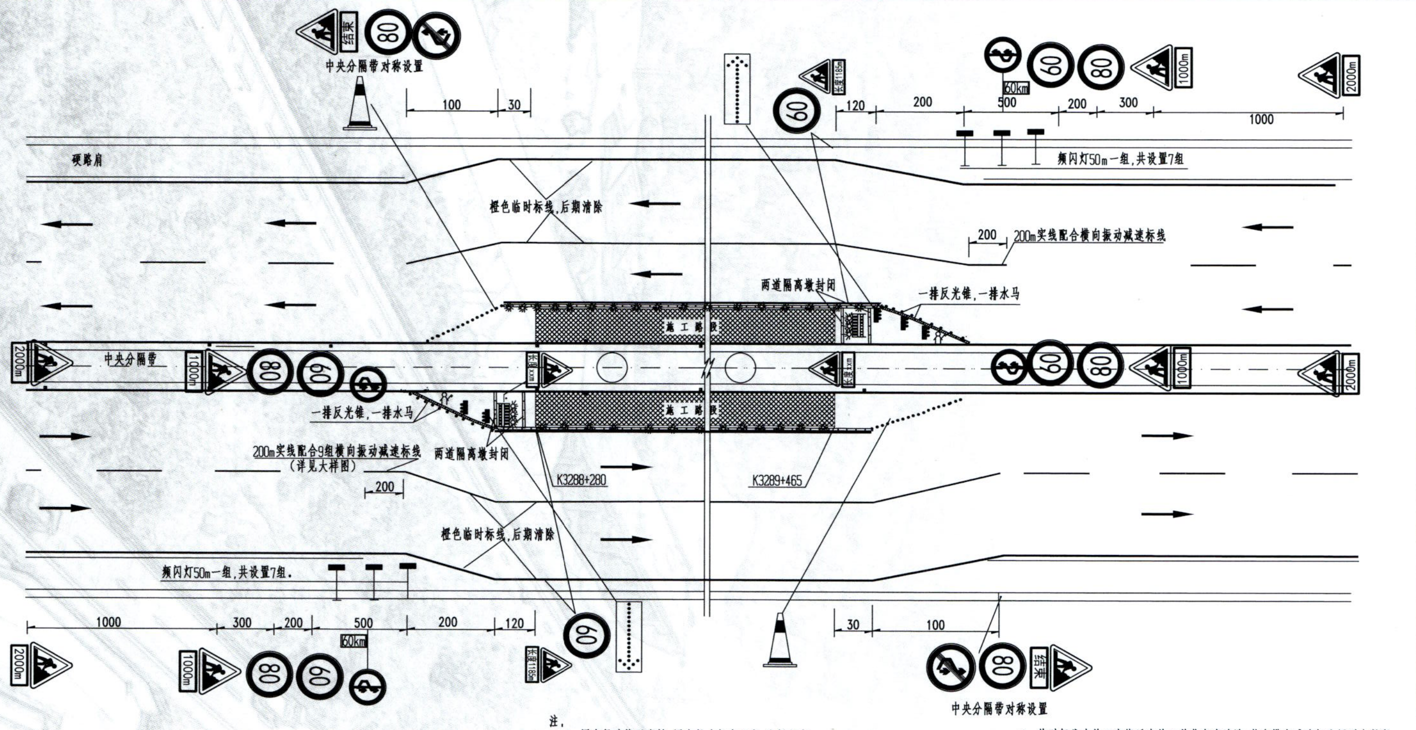

○ 消能防撞桶
太阳能导向标
施工警告频闪灯(红/蓝暴闪灯)
隔离墩
水马
红蓝频闪灯
假人模型
60km 电子测速装备

注：
1. 图中尺寸均以米计，图中尺寸仅为示意，比例任意。
2. 该交通组织方案适用于快车道部分宽度封闭施工路段，其实施细则参照相关法规执行。
3. 施工区用隔离墩进行隔离，隔离墩之间用槽钢进行连接。
4. 施工现场安全防护要求：
   a. 施工必须确保交通安全，施工路段机械设备挂设警示灯，
   b. 施工通道头安排交通安全员白天举旗、完善举灯指挥交通，保持交通秩序，
   c. 配合交警、路政部门对施工路段交通防护设施进行监督，摆放足够的交通路锥、水马、防撞墩、警示灯，
   d. 施工人员必须穿着干净、清洁的反光衣，不得随便进入或横穿正常通行的车道，不得向正常通行的车道摆放或抛弃杂物。
5. 其他相关要求需满足<<道路交通标志和标线　第4部分：作业区>>(GB5768.4—2017)中的相关规定。
6. 电子测速装备经交警同意后放置在合适位置，计2套。
7. 临时标线在施工完毕后由施工单位负责清除，其中横向减速标线原则上保留。
8. 太阳能导向标沿水马摆设方向每隔30m设置一个。
9. 施工区域前设置的两道隔离墩相距不小于10m，开始摆放位置为施工区起点。

▲ 中央分隔带落墩施工交通诱导示意图

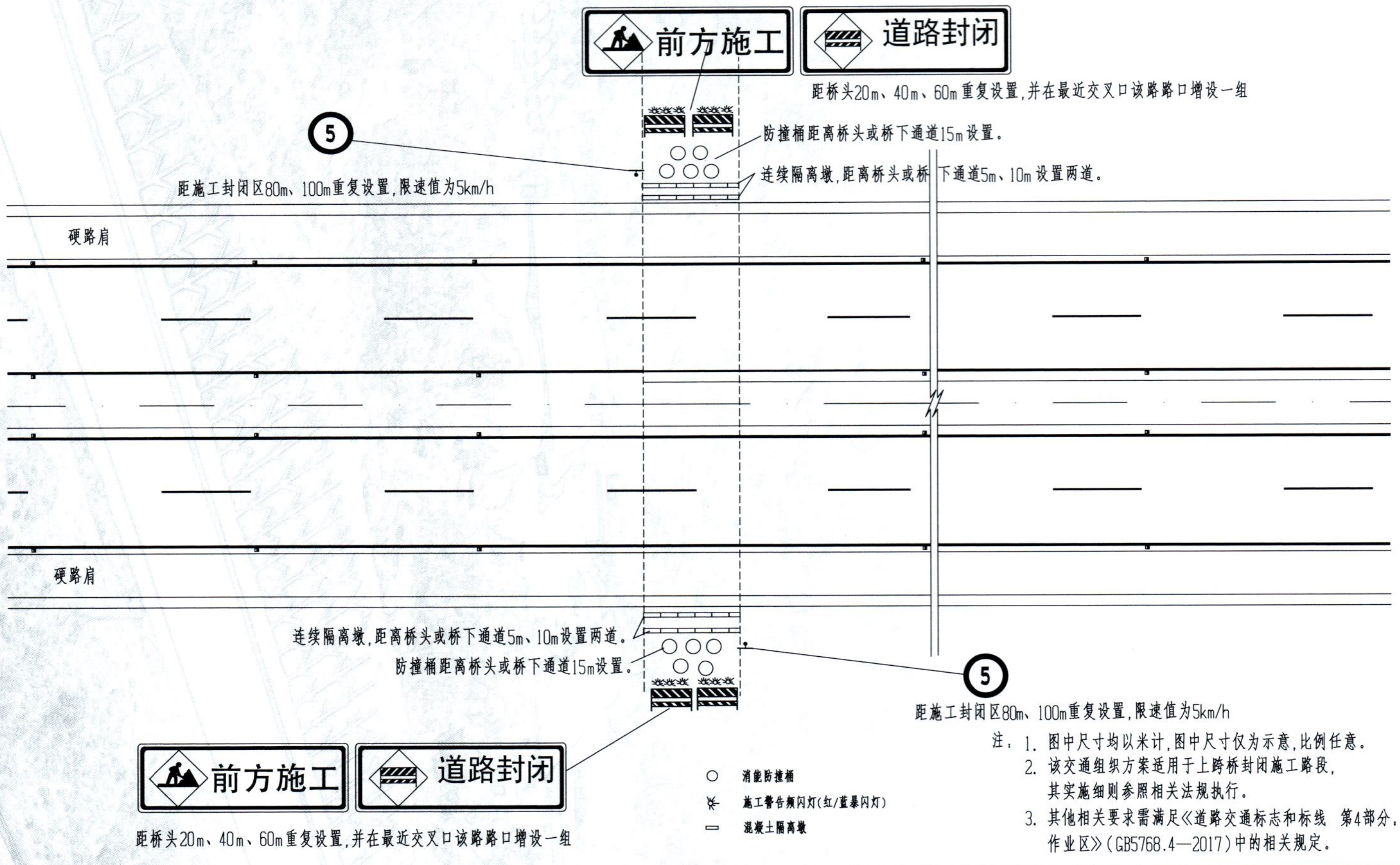

注：1. 图中尺寸均以米计,图中尺寸仅为示意,比例任意。
2. 该交通组织方案适用于上跨桥封闭施工路段,其实施细则参照相关法规执行。
3. 其他相关要求需满足《道路交通标志和标线 第4部分:作业区》(GB5768.4—2017)中的相关规定。

▲ 上跨桥施工交通诱导示意图

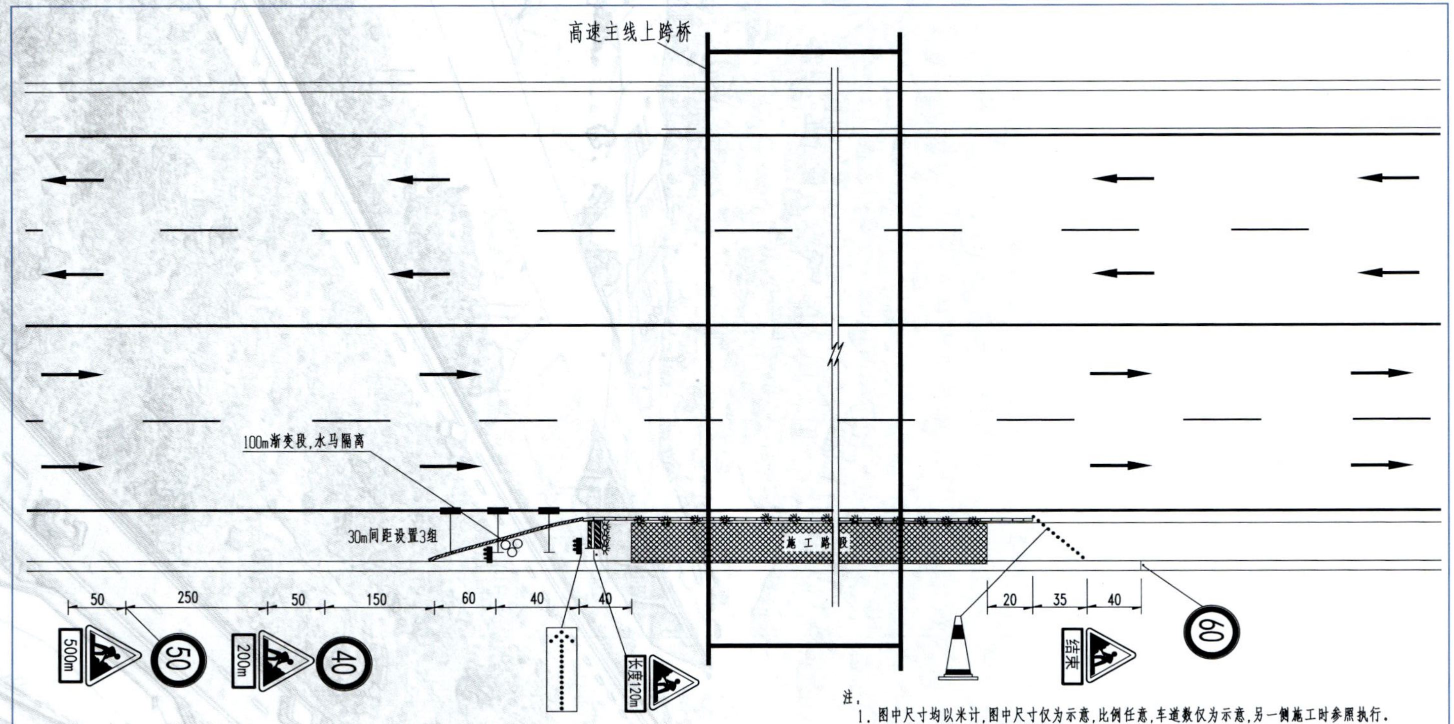

○ 消能防撞桶
施工警告频闪灯(红/蓝暴闪灯)
太阳能导向标
水马
红蓝频闪灯

注:

1. 图中尺寸均以米计,图中尺寸仅为示意,比例任意,车道数仅为示意,另一侧施工时参照执行.
2. 该交通组织方案适用于国省道地方路路侧施工路段,其实施细则参照相关法规执行.
3. 施工区用水马进行隔离,水马之间整体连接.
4. 施工现场安全防护要求.
   a. 施工必须确保交通安全,施工路段机械设备挂设警示灯,
   b. 施工通道头安排交通安全员完善举灯指挥交通,保持交通秩序,
   c. 配合交警、路政部门对施工路段交通防护设施进行监督,摆放足够的交通路锥、水马、警示灯,
   d. 施工人员必须穿着干净、清洁的反光衣,不得随便进入或横穿正常通行的车道,不得向正常通行的车道摆放或抛弃杂物.
5. 其他相关要求需满足《道路交通标志和标线 第4部分,作业区》(GB5768.4—2017)中的相关规定.
6. 现场道路实际限速与设计不符,请及时通知设计单位进行修改设计.

▲ 国省道路侧施工交通诱导示意图

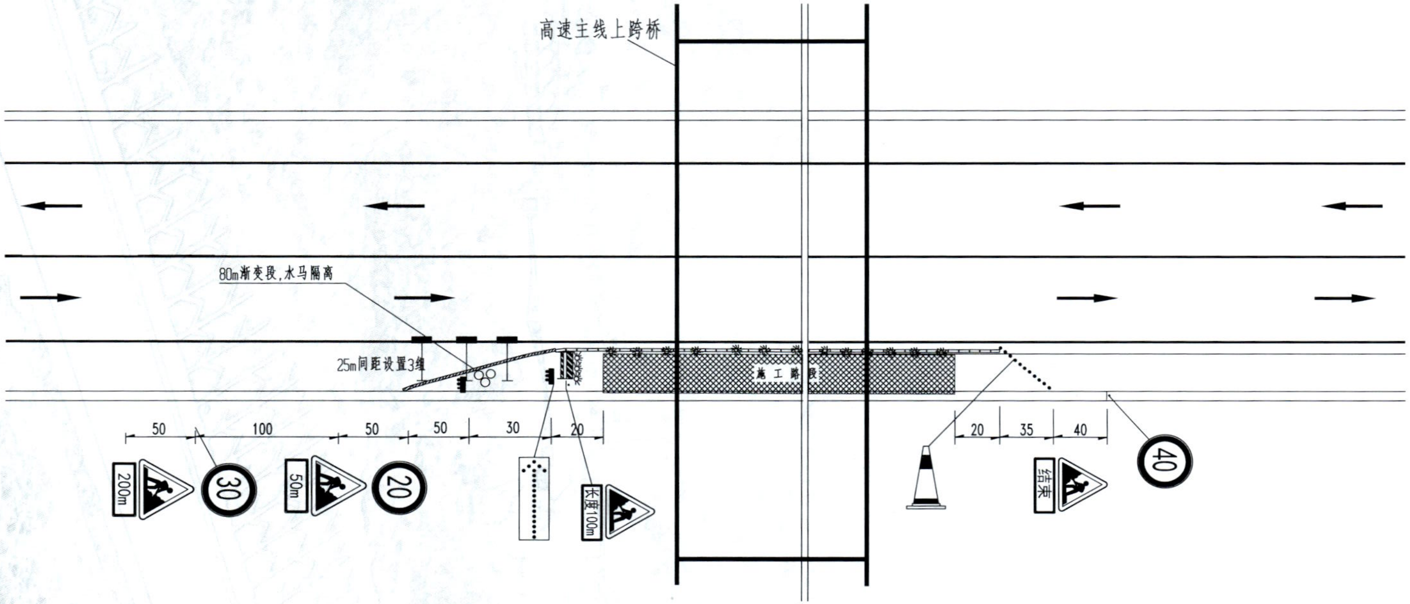

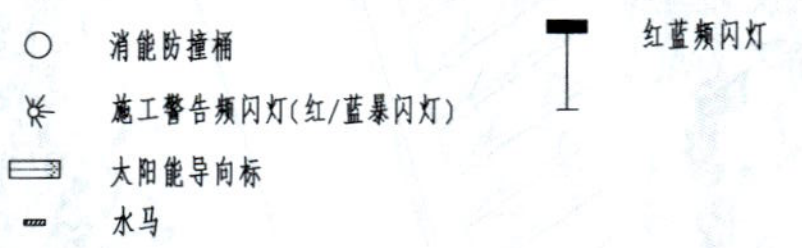

注:

1. 图中尺寸均以米计,图中尺寸仅为示意,比例任意,车道数仅为示意,另一侧施工时参照执行.
2. 该交通组织方案适用于县乡道地方路封闭施工路段,其实施细则参照相关法规执行.
3. 施工区用水马进行隔离,水马之间整体连接.
4. 施工现场安全防护要求.
   a. 施工必须确保交通安全,施工路段机械设备挂设警示灯,
   b. 施工通道头安排交通安全员完善举灯指挥交通,保持交通秩序,
   c. 配合交警、路政部门对施工路段交通防护设施进行监督,摆放足够的交通路锥、水马、警示灯,
   d. 施工人员必须穿着干净、清洁的反光衣,不得随便进入或横穿正常通行的车道,不得向正常通行的车道摆放或抛弃杂物.
5. 其他相关要求需满足《道路交通标志和标线 第4部分,作业区》(GB5768.4—2017)中的相关规定.
6. 现场道路实际限速与设计不符,请及时通知设计单位进行修改设计.

▲ 县乡道路侧施工交通诱导示意图

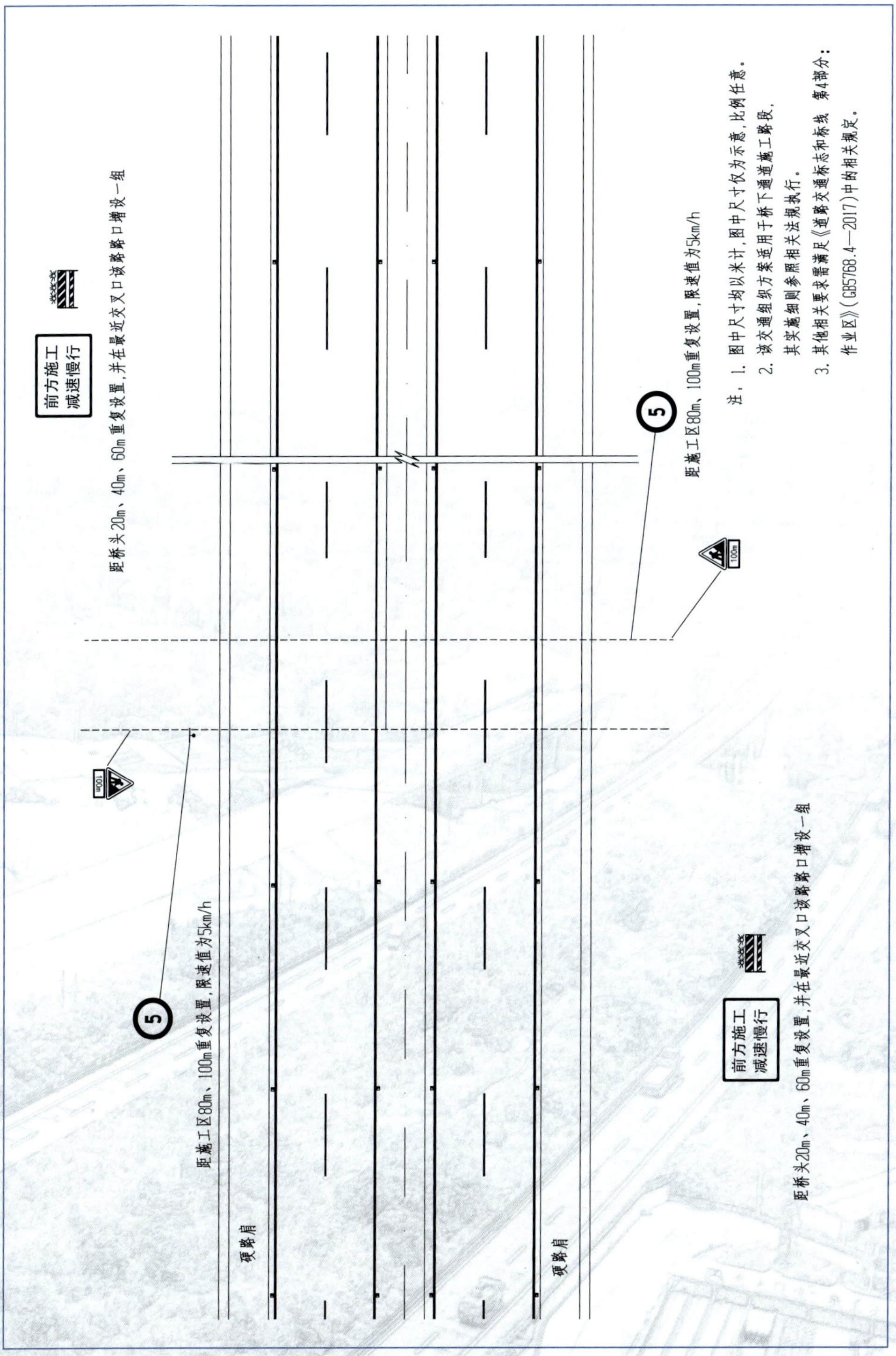

▲ 地方路通道施工交通诱导示意图

2.5 实例展示

每公里交叉布设“扩建路段 谨慎驾驶”以及“遇事故、人撤离、再报警”提示牌。

各收费站入口以及相邻高速收费站入口设置大件运输车辆、危化品运输车辆请绕行提示牌。

▲ 2000m施工警示牌

▲ 1000m施工警示牌

▲ 施工警示牌

▲ 80km/h限速牌

▲ 警示频闪灯

▲ 车道变窄警示牌

▲ 解除限速标志牌

▲ 施工结束警示牌

2.6 仿真协管员

▲ 仿真协管员

2.7 智能防撞（防闯入）系统

占道施工中要求使用具有遥感监测、定向声波、智能摇旗、副机爆闪、手环震动、光电图文、指挥调度等安全主动预警防护功能的智能防撞（闯入）系统。

技术参数	指标要求
工作电压	DC 12V
防水等级	不低于 IP 54
探测距离	≥ 250m
距离测量精度	±0.6m
速度范围	-200km/h~+200km/h
角精度	±0.2°
俯仰角	±13°
检测宽度	≥ 7.0m（单边）
定位方式	激光定位
手环传输方式	无线电（电磁波）
声波扬声器	≥ 1 个
声音传输距离	≥ 250m
最大声压级	125dB+3
视频储存容量	≥ 64GB
摄像头清晰度	不低于 1080p（400 万像素）
电池容量	≥ 50Ah
供电方式	内置电池（可充电）或可拆卸充电电池

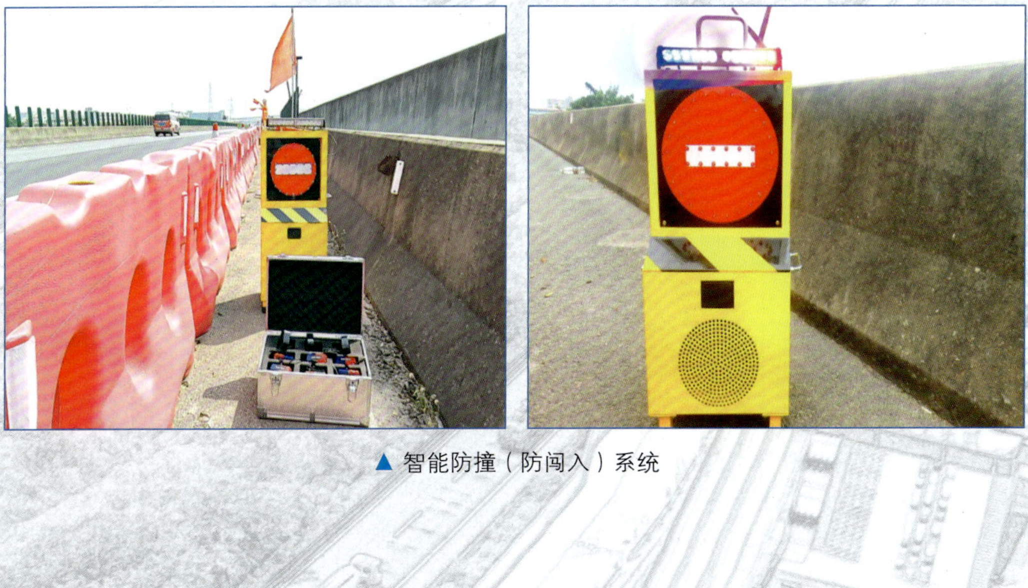

▲ 智能防撞（防闯入）系统

2.8 智慧锥桶

智慧锥桶通过对传统的交通安全设施（如反光交通锥、三角警告牌等）进行物联网化改造，并与导航App软件数据平台无缝对接，实现道路占道施工、事故和封闭管制信息的实时精准采集和快速发布。

相关参数及配置要求			
序号	项 目	参数	配置要求
1	灯体规格	尺寸：≤ 105mm × 116mm	1. 预警灯 × 2； 2. 适配器 × 1； 3. 充电线 × 2； 4. 多功能夹 × 2； 5. 万向固定支架 × 2； 6. 携行包 × 1； 7. 含一年通信资费及高精度服务资费
2	外壳材质	聚酰胺	
3	防护等级	不低于 IP65	
4	安装方式	磁吸、支撑杆、万向夹等	
5	定位方式	全球卫星导航系统定位	
6	定位精度（纯开阔地）	< 1m	
7	联网方式	通用分组无线业务（GPRS）	
8	电池容量	≥ 7800mAh 可充电锂电池	
9	续航时间	不低于 96h	
10	充电时间	约 5h（充电电流 MA × 2A）	
11	包装规格	尺寸：≤ 250mm × 150mm × 160mm 质量：约 2kg	

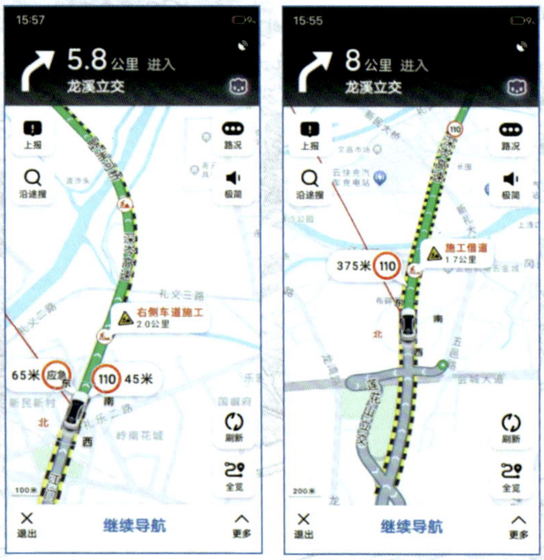

▲ 高德地图实时更新路况

▲ 智慧锥桶

2.9 水马、交通锥

交通锥的白色部分逆反射系数值不应低于《道路交通反光膜》（GB/T 18833—2012）规定的Ⅲ类，其他技术要求应符合《交通锥》（GB/T 24720—2019）的规定。

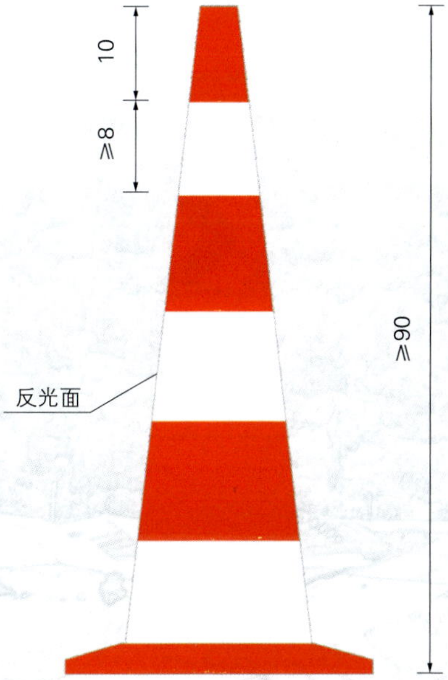

▲ 交通锥（尺寸单位：cm）

▲ 交通锥平面设计图

▲ 水马

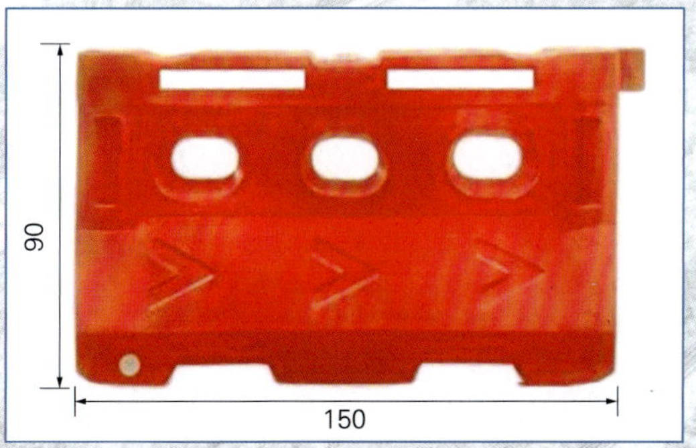

▲ 水马尺寸图（尺寸单位：cm）

水马颜色宜为黄色、橙色或红色，使用前应注水（砂），注水（砂）量不应小于其内部容积的90%。

2.10 太阳能导向标

可变箭头信号由可控制明暗的发光矩阵组成,可根据需要调整箭头的方向和形状,可使其闪烁以增强警告效果。用作其他作业区设施的补充，起加强警告效果。箭头信号下边缘距离地面应大于1.2m。

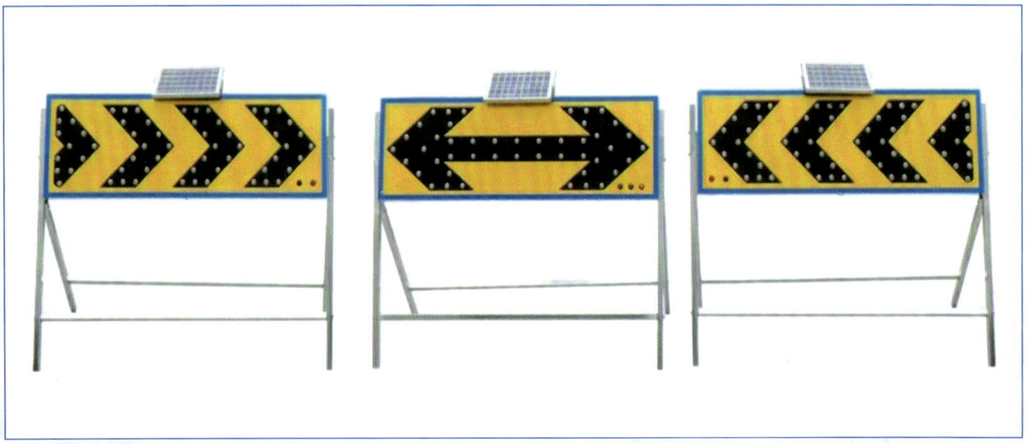

▲ 太阳能导向标

2.11 防撞沙桶

相关规范要求：

（1）防撞沙桶其结构及性能应满足《公路防撞桶》（GB/T 28650—2012）的相关要求。

（2）防撞桶沙桶由桶盖、桶身、横隔板、配载物及逆反射材料（反光膜）组成。

（3）防撞沙桶的直径为900mm，高为950mm，壁厚不小于6mm。

（4）防撞沙桶桶盖、桶身、横隔板所用材料为聚乙烯、聚丙烯或其他类型合成树脂为原材料的塑料或硫化胶或热塑橡胶等；外贴Ⅳ类及以上反光膜，单条反光膜宽度不小于50mm，连续长度不小于100mm；配载物所用砂为普通中砂，细度模数在3.0~2.3之间。

▲ 防撞沙桶

2.12 路拦

要求现场设置颜色为橙色和黑色相间的路拦，阻拦来往车辆驶入施工区域。

▲ 路拦（尺寸单位：cm）

2.13 报警救援码

在护栏上设置功能性二维码，随时就地可报车流情况，实现人车信息交互。

▲ 报警救援码（尺寸单位：cm）

2.14 施工警示灯

施工警示灯用以在夜间警告车辆驾驶人前方道路作业，减速慢行。安装于路栏、临时隔离护栏或独立支架上，距路面高度1～1.2m。设于临时隔离护栏上的采用定光型。

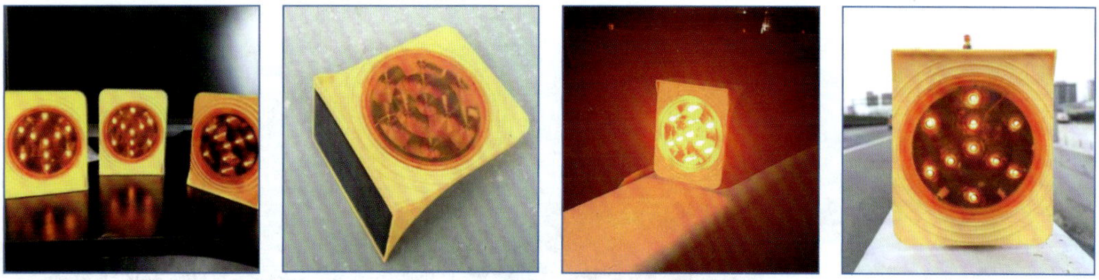

▲ 报警救援码

▲ 夜间实拍图

种类	闪光灯（黄色）	定光灯号（红色）
镜面数	单面或双面	—
闪烁频率（次 /min）	55～75	定光灯号（红色）
发光强度（cd）	20～40	5～10
适用地点	作业区段或危险地点的起点以前	作业区边界、导向车辆行驶

2.15 新泽西护栏吊装

▲ 护栏靠背

2.16 轮廓标

设计要求：

（1）临时附着式轮廓标的底板采用钢板制造，钢板应使用《热轧钢板和钢带的尺寸、外形、重量及允许偏差》（GB/T 709—2006）中规定的牌号；

（2）所有金属构件均应采用热浸镀锌处理，所有锌应为《锌锭》（GB/T 470—2008）中所规定的特一号锌、一号锭，支架及底板镀锌量为500g/m²，螺栓、螺母、垫图镀锌量为350g/m²，螺栓、螺母等紧固件在热镀锌后必须清理螺纹；

（3）轮廓标逆反射材料色（白/黄色）应符合《道路交通反光膜》（GB/T 18833—2012）的要求。

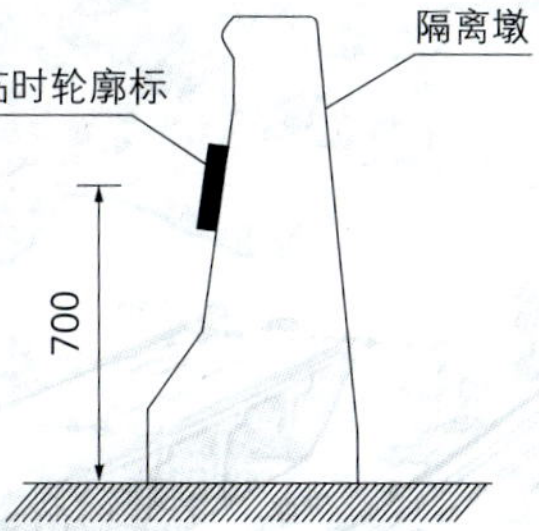

▲ 临时轮廓标安装位置示意图（尺寸单位：mm）

临时轮廓标附着于隔离墩迎车面，双面反光，其中迎车面为白色，背车面黄色，主线设置间距16m；互通辅助匝道设置间距为6m。

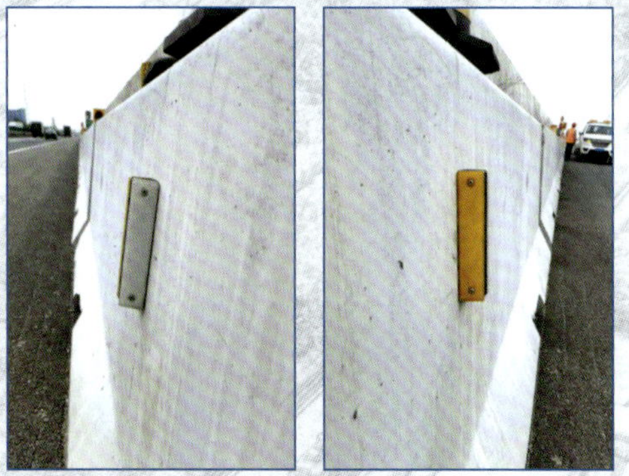

▲ 轮廓标

2.17 应急交通锥

▲ 应急交通锥

2.18 人员临时疏散出口

当高速公路红线处清表时需破坏原有设置的隔离栅或铁刺网，为避免行人上高速公路需在波形护栏处设施隔离栅围蔽，设置新增隔离栅路段，每100m设置一处应急逃生门，前后设置提示、警示标语，逃生门之间50m处设置提示牌。

▲ 人员临时疏散出口

应急逃生门处高地落差较大的位置应设置驻脚爬梯。

使用新泽西护栏围蔽硬路肩时，新泽西护栏摆放按照40m设置40cm开口，开口位置兼顾排水和紧急撤离口功能。开口位置设置各类警示、提示标志标牌及灯光警示设备。

▲ 应急交通锥

2.19 紧急停车点

▲ 紧急停车点提示牌

2.20 拯救车停放区

▲ 拯救车停放区

2.21 拯救车

▲ 拯救车

2.22 防撞缓冲车

占道施工中，为保障施工作业人员的安全，应在施工区域后方30～70m设置具有移动式标志功能的一体式100K防撞缓冲车。

▲ 防撞缓冲车

2.23 交通锥收放车

在对既有高速公路进行改道、变道前利用锥桶收放车放置锥桶，杜绝作业人员直接面对高速行驶的车辆。

▲ 交通锥收放车

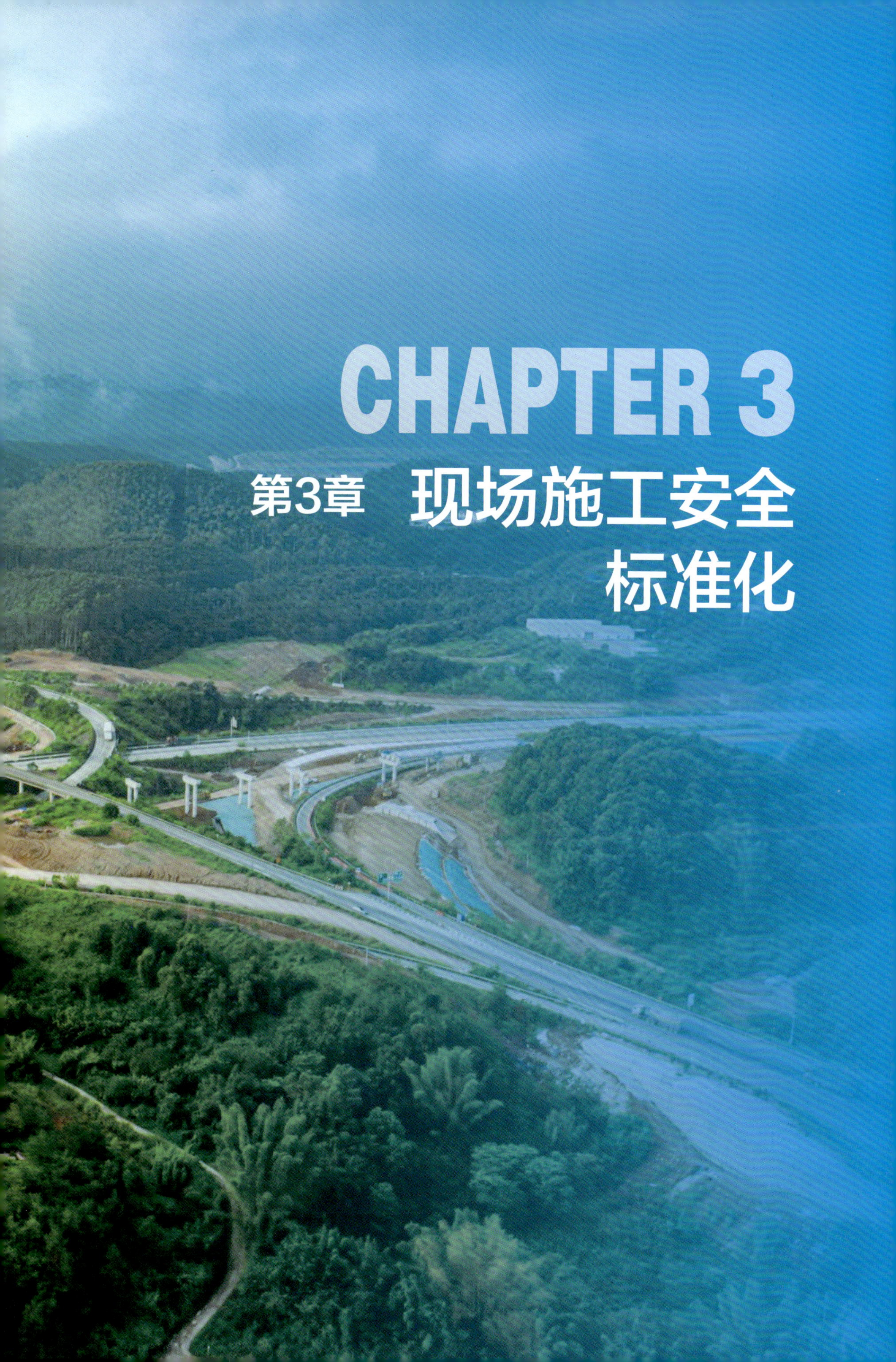

CHAPTER 3

第3章 现场施工安全标准化

3.1 拌和站

（1）拌和站拌和楼与料仓应采用全封闭式管理，并合理划分拌和作业区、材料堆放区、运输车辆停放区、试验区等。拌和楼与办公区，生活区或周围其他建筑物的距离不得小于单个储料罐的高度且不小于20m，拌和站场地须硬化，沉淀池宜设在洗车池与排水系统的对接位置；重点部位（如拌和区）应设置视频监控系统，并确保通信联络畅通。

▲ 全封闭管理

（2）储料仓应由具备专业资质的设计单位进行设计，并按各地厂房抗风设计标准进行分级验算；储料仓和储料罐应抗12级风力；若须降低抗风等级，施工单位须进行论证。

地锚分为全埋式和半埋式，地锚尺寸、埋置深度应根据地基承载力、抗风等验算确定。地锚宜采用钢筋混凝土制作，混凝土强度等级宜不低于C30。

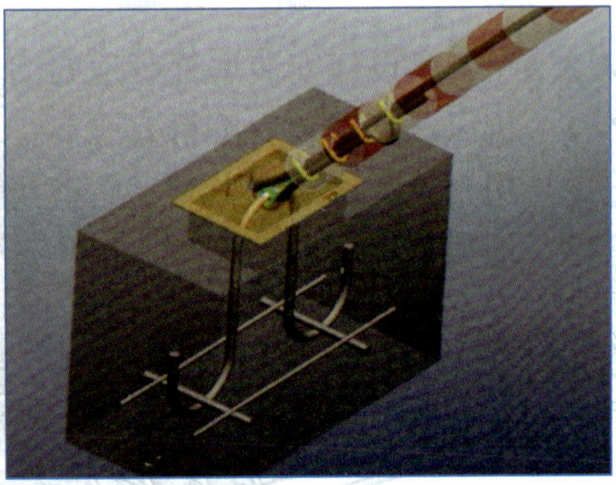

▲ 地锚示意图

吊环应采用规格不小于ϕ20mm圆钢制作，预埋在地锚上时，吊环呈“几”字形，预埋深度不宜小于0.5m。

（3）工地洗车台应设置在施工现场进出地段，合理布置蓄水池、沉淀池、排水系统等，蓄水池、沉淀池四周应采用金属隔离栅封闭，并设置安全警示标识牌。

▲ 洗车池

▲ 沉淀池

（4）储料罐钢直梯主要由踏棍、梯梁、护笼、防护栏杆等组成。

①钢直梯上端基准面至下端基准面间的垂直距离大于3m时，宜设置护笼；钢直梯

上端基准面距地面高度大于7m时，应设置护笼。护笼宜采用圆形或其他等效结构。

②采用圆形结构时，护笼应包括一组水平笼箍和至少5根立杆。水平笼箍宜采用不小于50mm×6mm的扁钢，垂直间距不应大于1.5m；立杆间距不应大于0.3m，均匀分布，且护笼各构件形成的最大间隙不应大于0.4m²。

（5）储料罐设置钢直梯，爬梯应设置背笼，背笼最下层与地面高差不得大于2m。

（6）安装除尘专用设备，降低扬尘。

▲ 钢直梯

▲ 除尘专用控制柜

▲ 物料传输带

（7）电子磅侧面需设置临边防护；喂料池需设置防撞措施，涂以黄黑安全警示色。

▲ 封闭电子地磅

▲ 喂料池防撞措施

3.2 钢筋加工场

（1）钢筋加工场采用封闭式管理，合理划分材料堆放区、钢筋下料区、加工制作区、半成品区、成品区、运输及安全通道、工人休息区等功能区，并在生产过程中推行“定置”管理；场地须进行硬化处理。

▲ 场地分区

▲ 运输安全通道

（2）现场配置升降作业设备和切割动火作业防护罩。

▲ 升降作业设备

▲ 切割动火作业防护罩

（3）现场需配备专用二氧化碳保护焊小推车，车身张贴警示标志并放置灭火器。

▲ 标准化手推车

（4）动火作业区设置提示牌、风险告知牌、动火作业许可证。

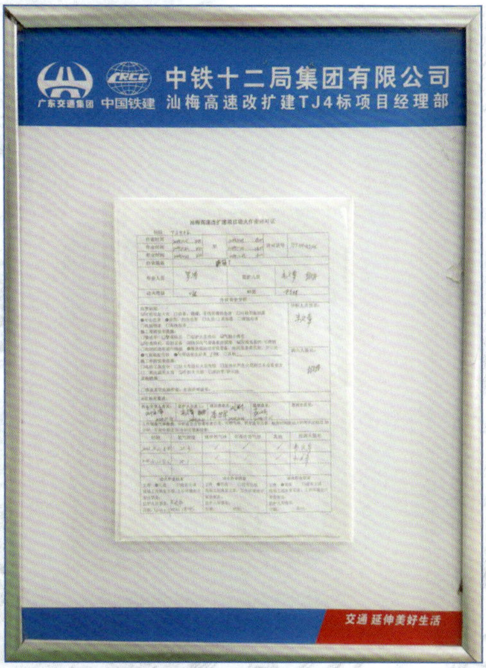

▲ 提示牌、风险告知牌、动火作业许可证

（5）定制专用气瓶存放架，确保气瓶存放安全。

▲ 氧气存放棚

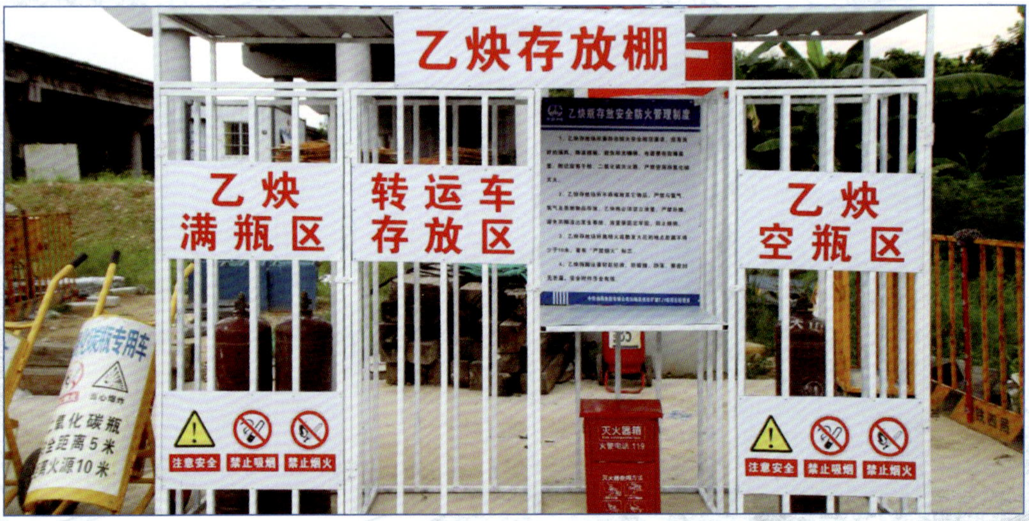

▲ 乙炔存放棚

3.3 智慧梁场

▲ 智慧梁场功能分区

▲ 智慧梁场信息平台

▲ 生产车间功能分区

▲ 横隔板钢筋防撞护具及警示牌

▲ 存梁区

▲ 智能张拉作业台车

3.4 沥青拌和站

▲ 搅拌设备通道防护与宣传警示

▲ 天然气低温液体储存罐存储防火墙及警示区域

▲ 沥青储存罐围蔽警示

▲ 运料车过磅警戒区域

3.5 临时用电

（1）所有电箱内禁止设置零线端子排，总配电箱、分配电箱应设置接地端子排和安装重复接地。开关箱按“一机一闸一漏一箱”要求设置，配置工业防水防爆插座，箱外设置开关按钮，开关箱在使用过程中上锁，由电工负责开关箱门进行检修维护工作，禁止作业人员随意打开箱门。

（2）临时用电须采用带航空插头的开关箱，且所有配电箱标识牌须全线统一，编号规则为“项目简称-标段名称-电箱级别-具体编号”。编号为：SMGKJ-TJX-XJ-000X，具体图片详见下图。

（3）施工电缆加设防护套管，防护套管内径不小于电缆外径的1.5倍。如无法加设套管，也可采用绝缘挂钩悬挂或采用三脚架架空固定，全线禁止电缆线拖地及悬挂不规范现象发生。

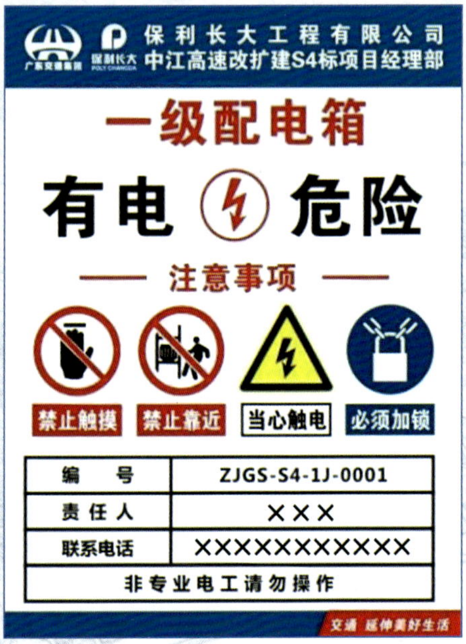

▲ 电箱标识牌

▲ 变压器安全围蔽

▲ 开关箱（插拔式）

▲ 分配电箱

（4）电缆线穿管方式可采用软管穿管的形式，电缆线采用阻燃的塑料波纹管或阻燃缠绕管，防止日晒雨淋及高温环境导致出现老化破损，塑料波纹管的穿管方式根据施工现场采用开口或者闭口形式。

▲ 电缆软管

（5）架空移动电缆支架的高度不宜小于0.5m，支架布设间距宜为3～5m，且电缆线悬空高度不宜低于0.2m。

▲ 移动电缆支架示意图

（6）电缆线的架空也可以采用S形电缆挂钩，电缆挂钩的尺寸可以根据电缆线的尺寸考虑，可以挂设在挂篮或现浇施工的防护栏杆上。

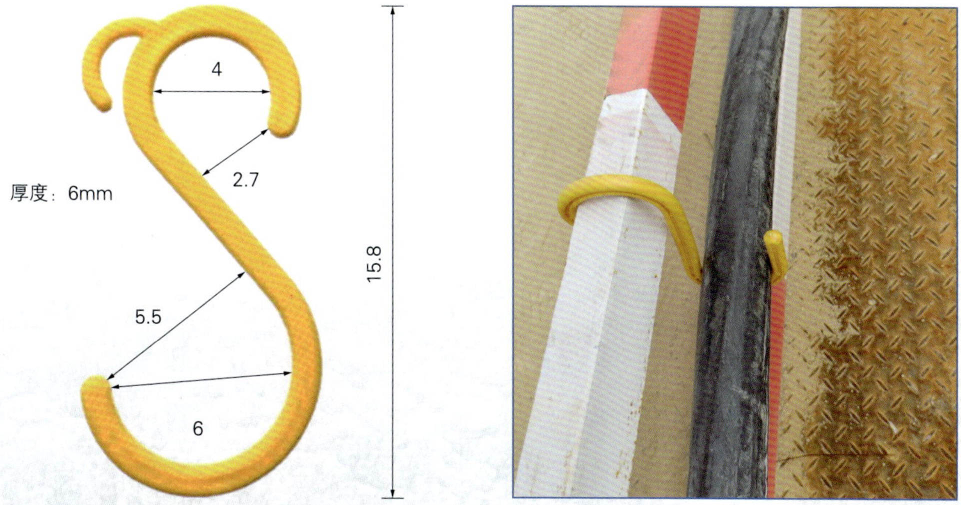

▲ 电缆线挂钩（尺寸单位：cm）

（7）变压器、配电房、配电柜等用电设施应设置安全防护屏障或网栅围栏与外界隔离，变压器台座应高于室外地面0.6m，并悬挂“禁止攀爬、当心触电、请勿靠近”等明显的禁止、警告标志及责任标识牌。

▲ 变压器防护

3.6 特种设备

（1）门式起重机停止使用时须锁紧夹轨器，夹轨器应使用电动液压式夹轨器。

▲ 液压夹轨器

（2）门式起重机应设置行走限位器，行走端头应设置防撞缓冲装置和车挡，并保证其灵敏有效，液压夹轨器处需安装红外线防撞器。

▲ 限位器与防撞缓冲装置

（3）架桥机前支腿增设安全绳或设置作业平台。

▲ 架桥机前支腿增设安全绳

▲ 架桥机前支腿设置作业平台

（4）塔式起重机入口处进行彩钢板围蔽并设置警示标牌，主塔设置防攀爬装置。

▲ 架桥机前支腿增设安全绳

▲ 架桥机前支腿设置作业平台

3.7 一般设备及机具

施工现场禁止使用交流电焊机，所使用的电焊机必须为已加装二次侧空载降压保护器（VRD保护器）的逆变直流电焊机或二氧化碳气体保护焊机。逆变直流焊机VRD保护器常开、正常工作（空载电压低于36V）方可投入使用。使用专用的电焊机小推车装载电焊机，小推车顶上设防雨棚确保对电焊机的防雨功能。

▲ 氧气瓶专用车

▲ 电焊机手推车

3.8 路基工程

开挖采用倒梯形开挖方式进行，在坡脚波形护栏处安装彩钢围挡，与波形护栏抱箍连接，在开挖级及下一级平台处设置被动防护网和主动防护网。

▲ 双排架被动防护

▲ 双排架被动防护

▲ 桥台锥坡落墩防护

3.9 边坡施工

▲ 路堑边坡开挖被动防护网防护

▲ 边坡施工严格遵守开挖一级、防护一级，做好临边防护，
工人在边坡上作业时佩戴好安全带以及防坠器

3.10 桥涵施工

（1）泥浆池应按“两池墙”建设：沉淀池、储浆池、中隔墙。中隔墙宜采用砖砌或钢板，缺口位置增设钢丝滤网；砖砌墙应抹面处理，池壁应使用砂浆封闭，防护栏杆高度为1.2m。

▲ 防护栏、警示标志

（2）桩基施工孔口应采用钢筋网片覆盖，同时设置安全警示标志。

▲ 钢筋网片、警示标志

（3）临路人工挖孔桩采用安全防护棚，防止驾乘人员高空抛物安全隐患。

▲ 安全防护棚

3.10.1 梯笼

（1）墩身钢筋操作平台一般由支架、底板、防护栏杆、层间爬梯和平台连接装置组成，为整体桁架式钢结构。

（2）顶层平台设置防护栏杆，平台间设置钢斜梯，每层施工平台底部应设置挡脚板。

▲ 梯笼

3.10.2　墩身围笼

▲ 墩身围笼

3.10.3 圆柱平台

▲ 圆柱盖梁平台

▲ 圆柱施工平台

（1）柱式墩一体化施工平台主要由支架、护栏组成，护栏高度为1.2m。

（2）相邻施工平台之间、平台与安全爬梯之间应搭设水平安全通道。

（3）平台及栏杆底部设置挡脚板，表面涂刷红白警示色，内侧设置过塑钢丝网。

3.10.4 盖梁平台

（1）盖梁施工平台由支撑体系、平台和护栏组成。

（2）支撑体系由双抱箍、工字钢组成。平台上满铺花纹钢板，点焊固定在框架上；平台与临时支撑采用焊接固定，并设置必要的限位装置。

（3）盖梁平台四周设置防护栏杆，护栏焊接在底板框架上。护栏底部应设置挡脚板。

▲ 盖梁平台

▲ 盖梁+角铁

▲ 盖梁平台+梯笼

3.10.5　临边护栏

梁板安装完成后应及时设置临边防护栏杆，便在湿接缝、整体式桥梁中央分隔带处设置防坠、防落网；防护栏杆上应设置“禁止翻越”“当心坠落”等警示标志，高空作业临边防护栏杆高1.5m，挡脚板高度不小于180mm，厚度不小于1mm。

▲ 临边防护栏杆

▲ 防坠、防落网

▲ 临边防护栏杆

3.10.6 廊道

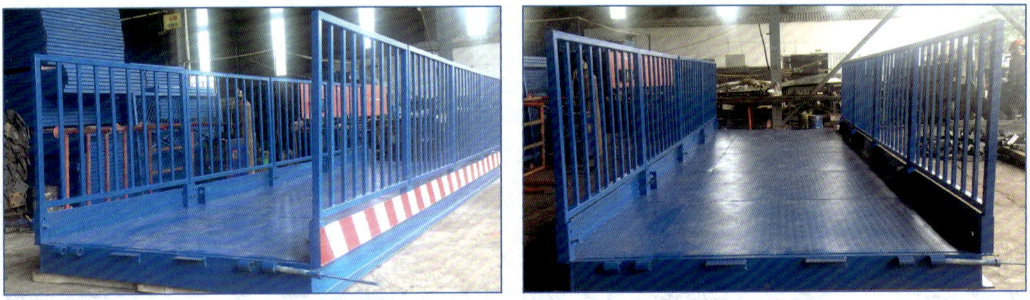

▲ 廊道

3.10.7 配件

▲ 湿接缝

▲ 抱箍

▲ 附墙件

▲ 楼梯

▲ 楼梯直梯5m

▲ 楼梯带封板

3.11 隧道工程

▲ 隧道安全智慧中心

▲ 隧道二次衬砌台车警示标牌

▲ 隧道养护台车警示灯光、标牌

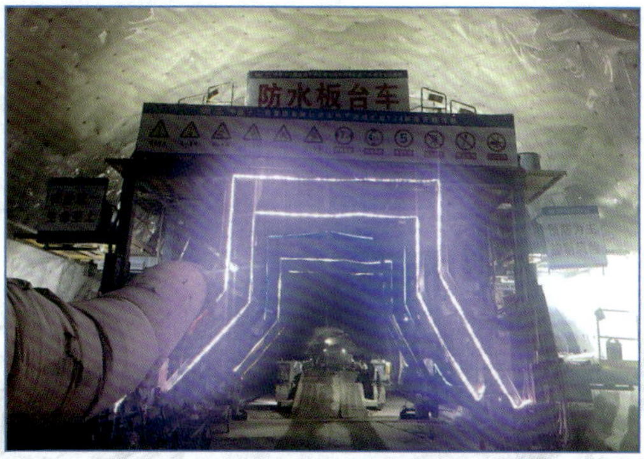

▲ 隧道防水板台车警示灯光、标牌

▲ 隧道门禁系统

▲ 隧道人车分离措施

▲ 隧道人行通道及逃生管道布设

▲ 洞内交通渠化

3.12 便道工程

▲ 施工便道与地方道路交叉处依次设置100m、50m提示牌

▲ 施工便道临边严格按照标准化要求设置防撞墩及警示标志

▲ 山区便道无条件设置防撞墩的，采用波形护栏进行临边防护

▲ 施工便道入口安排值守岗亭以及专人值守

▲ 便道重要路段增加相关提示牌

CHAPTER 4

第4章　安全亮点创新

为有效果降低和减少现场用电安全隐患，本项目在临时用电管理上引入“电力物联网系统+电箱二维码+人脸识别多方位智慧用电”管理系统，分别从临电系统、临电巡查、临电管理等方面进行智能化管控，利用智能化设备和系统对相关环节进行监控，将预防性安全用电技术纳入“智慧工地”管理体系，将“事后补救”变为“事先防范”，极大提高工地安全生产管理水平。

▲ 智慧用电系统+人脸识别系统

本项目通过风险隐患识别基础清单，对判定的安全风险自高至低分别用红、橙、黄、蓝四种颜色进行标注，制作成图牌形式布置在施工现场显著位置，生成安全风险清单二维码，通过手机扫描风险部位二维码可以查看风险部位、风险名称、风险等级、责任人及防范措施等。同时根据现场分部分项工程制作相应的风险告知卡，内容包括存在风险部位、产生的因素、风险等级、风险预防措施和应急措施等内容。

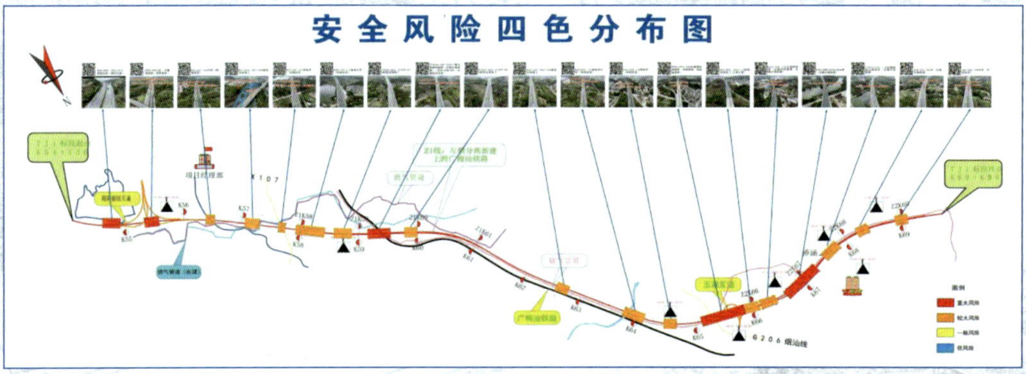

▲ 安全风险四色图

抱箍平台螺栓连接通常采用双螺母方式，但对于螺栓紧固状态，肉眼往往难以分辨，为有效识别此类隐蔽风险，本项目引入智能预警螺母，通过智能预警螺母状态对螺栓连接情况实时观测，确保抱箍平台使用安全，保证施工人员人身安全和施工生活活动正常开展。

▲ 盖梁抱箍配置智能预警螺母、螺母松动自动报警

悬挂式干粉灭火器装置是通过温度或烟雾感应装置感应触发自动喷射灭火，在触发自动灭火时，可触发警报，能够第一时间提醒人员有触发火情情况的发生。例如，可在电动车触发火情30s内自动触发灭火系统，自动释放干粉来抑制火势，防止因电动车起火人员发现不及时，导致火情蔓延扩大，从而保护人员和财产安全。

▲ 电动车专用停车棚配置自动灭火装置

当燃气发生泄漏时，防爆柜内安装的自动报警系统，通过内部配备高强度聚丙烯托盘或防渗漏设计、防爆材料和泄压功能，防止液化气泄漏时扩散，能在第一时间触发报警提醒，方便人员第一时间检查或撤离，同时能快速响应并抑制初期火势，可有效降低因液化气泄漏或外部火源引发的爆炸风险，保护人员与设备安全。

▲ 燃气瓶专用监测防爆柜

应急逃生杆是工人生活驻地自建板房设置的应急逃生设施，当遭遇火灾、断电等险情时，驻地工人可通过逃生杆体快速滑降至地面，同时在杆体底部铺设细沙作为下降冲击的缓冲，为工人应急逃生开辟了生命通道。

▲ 工人居住区应急逃生杆

可折叠式桥梁湿接缝吊篮，为桥面湿接缝施工定制，在折叠状态通过狭窄的湿接缝位置后利用自身重力展开，工人只需系好安全绳即可进入吊篮施工作业，对全面保障高空作业安全以及显著降低高处作业安全风险，发挥了积极作用。

▲ 桥梁湿接缝吊篮安全作业装置

防撞护栏支模台车具有集吊装和作业平台一体化、经济实用、安全性好、结构简单及操作快捷方便的优点。和以往的防撞护栏施工相比，进一步提高了桥梁防撞护栏施工进度和施工质量，也确保了桥梁防撞护栏施工高处作业安全，为安全地完成桥梁防撞墙施工创造了良好条件。

▲ 桥梁防撞栏施工作业台车

配备有行走装置，可在桥梁施工面上灵活移动，方便设备在不同施工段落之间转移，减少了设备二次就位的时间成本。

配备液压升降等辅助功能，便于在不同高度和工况下进行护栏模板的调整和混凝土浇筑等作业，提升施工的便利性和精准度。

▲ 桥梁防撞栏施工作业台车

安装于隧道顶部或拱腰位置，并投影在地面上，达到警示和提醒作用，用于安全警示的照明设备。通过投影技术，将特定安全警示图案、文字投射到隧道地面，起到直观醒目的安全提示作用 。

实时、动态的地面投影警示，能弥补隧道内环境对人员、车辆安全判断的干扰，降低事故发生概率，为隧道施工、运营期间的安全管理提供直观、高效的技术辅助 。

适应隧道内潮湿、多尘等特殊环境，持续稳定投射警示内容，保障安全提示功能长效发挥，减少因实体标识污损、损坏导致的警示失效问题。

▲ 隧道洞内安全警示射灯

目前在桥梁垫石施工时，工作面离地高度较大，作业人员作业平台受限，无法悬挂安全带，因此存在高处坠落的极大安全隐患。传统的作业方式让作业人员背着安全带但无处悬挂，安全工作只是形式上的，没有实际效果；或者在盖梁端部预埋U形钢筋，虽然可以悬挂安全带，但无法实现高挂低用，无法满足作业人员在施工过程中往返行走时安全带全程有效使用，同时也存在较大的安全隐患。

为了确保垫石施工时作业人员的绝对安全，现采用垫石施工安全防护平台及安全带悬挂装置，通过双重保险来保证施工的安全。

安全防护平台采用80mm × 80mm × 2.5mm矩形方钢管加工制作，外侧安装0.3mm铁皮防护板，上部高度1.3m，下部围栏高度60cm，下部围栏卡在盖梁外侧作为横向约束，底部采用矩形方钢管作为移动小车架。

安全绳挂设装置采用20号槽钢加工制作，立柱高度1.2m，立柱安装架采用20mm螺栓紧固在盖梁侧向挡块上。

安全防护平台可以提供一个稳定的工作平台，使作业人员能够在高处施工时有一个安全的站立点，避免了高处坠落的风险。同时，安全带悬挂装置的引入使得作业人员可以随时悬挂安全带，确保在工作过程中即使发生意外，也能够通过安全带保持在工作平台上，避免坠落。

▲ 自行式垫石施工防护平台及挂绳装置

当隧道施工发生坍塌事故时，逃生管道作为洞内作业人员其中一个主要的逃生途径，该管道内径 80cm，管洞空间小，人员逃生时需在洞内爬行，当有人员受伤时无法自行爬行。目前市面上的急救担架在逃生管道内拖行极为不便，管理处结合本项目隧道施工特点，利用市面上现有的急救担架改进成一种助力式逃生管道救援担架，帮助受伤的被困人员及时脱离险境。

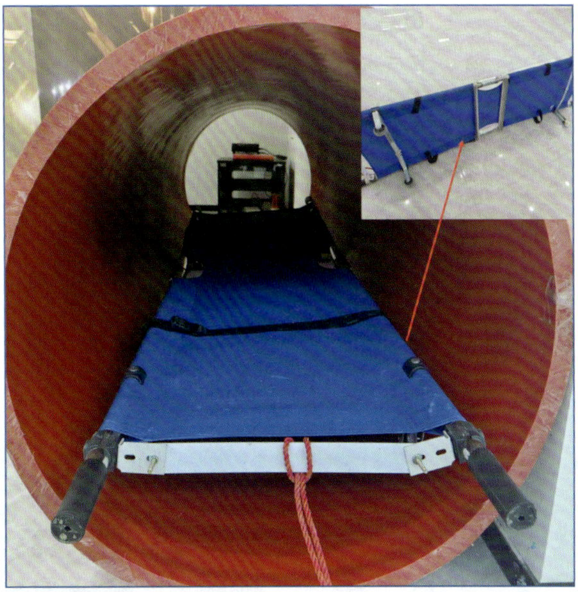

▲ 隧道便携式救援担架

▲ 自行式护栏养生装置

该装置优点主要包括结构简单、成本低、施工快捷、效率高。这种装置的设计非常注重实用性和便利性，其结构简单，使得制造和安装过程相对容易，从而降低了成本。此外，该装置可以直接悬挂在护栏上移动，进行自行洒水养护，这不仅取代了传统的人工洒水养护方式，还大大提高了施工的效率和快捷性。这种装置不仅节省了人力成本，还提高了养护工作的效率，使得养护工作更加高效便捷。

该系统由安全传感器、控制单元、制动单元组成。雷达传感器安装在车体前后方，检测行进方向障碍物，10m监测距离，五级安全预警。可实现超前鸣笛预警驾驶员、降速减挡、自动制动等。采用无线传感测速技术，实时检测机动车行驶速度；具有超速声光报警，支持电子节气门和机械节气门两种限速控制；采用毫米波雷达技术探测目标，实现快速捕抓目标，防撞预警；内设三种预防碰撞距离、提示区距离、警示区距离、制动区距离，分别对应提示区限速、警示区限速、制动区限速；多种限速模式共存，普通超速报警限速、提示区和预警区限速、制动区制动等。

▲ 路基施工智能非接触式防撞系统

目前国内路基、桥梁作业均须配备移动、回转作业设备，但由于机械设备视野盲区及现场作业条件复杂，往往在此类设备倒车、回转过程中容易发生挤压、碰撞事故。所以在设备两侧及后部安装倒车影像装置、红外线感应器及雷达报警器，形成三道保险：

（1）红外线感应器在设备周围投射醒目的安全警戒区，提醒附近作业人员设备安全距离。

（2）设备安装倒车影像，驾驶人员可通过操作室观察周围环境。

（3）太阳能雷达报警器报警范围与红外线联动，一旦人员或物体触碰红外线围栏，雷达报警器则发声提醒操作人员。从而减少或避免事故发生，以保障施工作业的安全。

▲ 太阳能雷达报警器

▲ 倒车影像

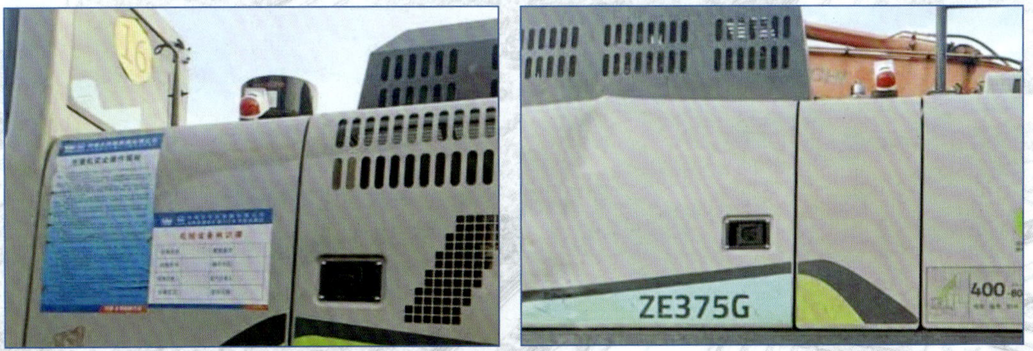

▲ 红外线感应器

▲ 移动、回转作业设备多方位预警系统

结合项目实际，根据不同施工阶段、不同天气、易发事故环节及高风险作业项目，制定基本安全注意事项，并在施工区域沿线、工人生活驻地、高处作业场所、工地动火作业场所、高墩施工场所、高边坡施工场所等施工易发事故场所或高风险作业场所作业区域的户外设置移动安全宣传喇叭，播报安全生产注意事项，随时随地对一线作业人员进行提醒，确保每名施工作业人员都能针对性地听到安全注意事项，做到“入脑入心”，巩固责任意识，增强员工自我保护能力，筑牢安全屏障。移动安全宣传喇叭根据户外施工不同区域可变动移动，采用太阳能板供电达到持久续航，其次移动播报设备可以根据不同施工工艺程度修改播报内容，使其更好的满足户外现场施工环境。

▲ 可移动式露天安全宣传播报器

汕梅高速公路改扩建项目全段设2处智慧梁场，涉及6000多片梁体运输，梁板运输频繁，主批量梁体采用在已运营高速上运输。本项目山岭重丘区的地形地貌，沿途国省干道较窄、多弯道，给运输过程带来了较大的安全隐患。特别是部分匝道桥及独柱墩桥承载受限，增加了运梁安全隐患。为避免运梁发生独墩桥、匝道桥倾覆、梁体倾覆、交通事故等安全事故，依托地处山岭重丘区的汕梅高速公路改扩建项目，研发了一套用于引导梁板运输、加强运输监管的运梁车智能化安全监控系统。

（1）运梁车启动后，系统自动开启，驾驶员通过车载终端申请后开始作业。

（2）运梁过程中，车载终端实时显示运梁车位置、速度、倾斜角、高程等参数，对各类安全风险自动识别、实时预警，引导运梁车安全驾驶，辅助各级安全管理人员有效管控。运梁车接近独墩桥等结构物前，预警提醒驾驶员按照承重轴心线行驶。独墩桥行驶过程中，如偏离承重轴心线，系统触发自动报警；当梁体倾斜角超阈值时，进行多级声光预警提示，提醒驾驶员倾覆风险；对运梁过程中，速度过快、高速运梁过慢、停车等异常状态，向驾驶员实时报警；回传运梁车前后视频图像，远程监控驾驶员操作是否规范及附近车辆通行情况；

（3）安全管理人员通过移动端、计算机端查看运梁车的实时状态，及时提醒、调度和引导；

（4）运输结束后，可查看运梁历史轨迹、运输视频、报警记录等，形成可追溯的安全档案。

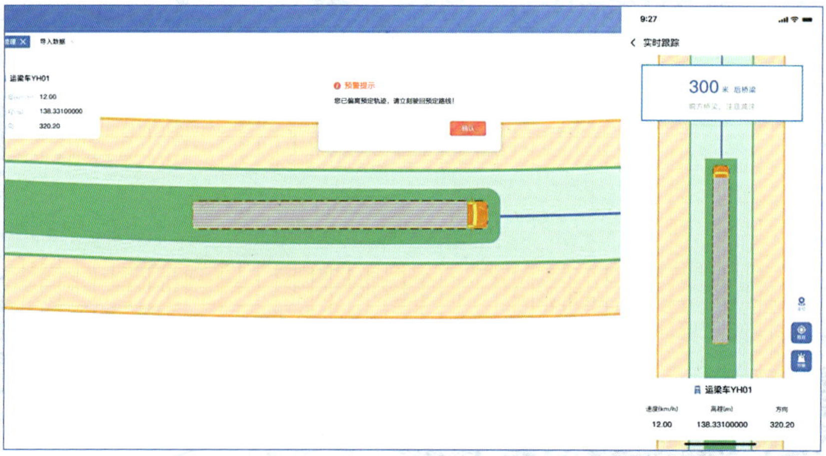

▲ 运梁车安全监控系统

为改善现浇护栏振捣作业的劳动条件，提升一线作业安全保障，本项目创新组装、制作了一种自行式混凝土护栏浇筑作业平台装置。作业平台由电动可升降与平移小车（电瓶车）、操作平台、轨道、滑轮等主要构件组成，通过与模板拼装、组合，可遥控小车与平台组合体沿模板上方灵活移动，作为浇筑机具及工人操作平台，平台上方设置有安全围栏，保证安全同时，可用于系挂安全带，提供作业安全双保险。

作业平台组合体伴随浇筑工点移动，为浇筑作业提供安全保障，该平台滑动轨道可以在模板制作过程中与模板顶部骨架形成整体。此外，为适应曲线段模板及轨道拼装工况，相邻模板轨道拼装预留有合理缝隙，使用大直径滑轮与轨道连接部件配合跨越拼缝，实现曲线段护栏作业平台平顺行走。

▲ 自行式混凝土护栏浇筑作业平台装置

管理处巧妙将汕梅高速公路地处山岭重丘区这一地理劣势化为优势，以铁塔优势资源作为合作契机，巧用汕梅高速公路改扩建沿线铁塔“点多面广”的特点，实现汕梅高速公路改扩建期间全域视频监控的目标。高低位视频监控资源融合共建，实现多分屏实时监控视频、大范围视频监控、多功能视频监控及算法处理（机动车违停监控、道路破损监控、车流量监控），对重要工点、重大风险源进行实时监控。

▲ 高低位视频监控